KB211740

中洲正音
官話記聞

근현대 중국어
교육자료 총서

中洲正音 官話記聞

연세대학교 중국연구원 고적연구소
선문대학교 중한번역문헌연구소

김현철 · 김영 · 김아영

學古房

발간사

우리나라의 중국어 교육사는 일찍이 외교적 실무를 담당하기 위해 설치한 통일신라의 상문사(詳文師)로부터 조선시대의 역관 양성 기관인 사역원(司譯院)을 거쳐 지금의 교육과정에 이르기까지 유구한 역사를 지니고 있습니다. 특히 중국과의 원활한 의사소통 교육을 위해 고려시대 후기에서 조선시대까지 시대별 중국어 변천 양상을 고스란히 반영하며 편찬되어 온 『노걸대(老乞大)』.『박통사(朴通事)』 등의 역학서는 현재 국내외 학계에서 모두 중요한 근대중국어 연구자료로 그 가치를 인정받고 많은 연구가 이루어지고 있습니다.

그동안 조선시대부터 일제강점기까지의 중국어 학습서 자료들은 선문대학교 중한번역문헌연구소에서 다수가 발굴, 정리되었습니다. 그중 조선시대의 역학서와 조선시대 후기의 필사본 한어회화서로 소개했던 『기착일필(騎着一匹)』, 『중화정음(中華正音)』, 『화음촬요(華音撮要)』, 『관화약초(關話畧抄)』, 『상원제어(象院題語)』 등의 자료들은 국내에서 영인본을 발행한 후 수록 어휘들을 모아 『조선후기한어회화서사전(朝鮮後期漢語會話書辭典)』을 출판했으며, 중국의 중화서국(中華書局)에서도 『조선시대한어교과서총간(朝鮮時代漢語教科書叢刊)』, 『조선시대한어교과서총간속편(朝鮮時代漢語教科書叢刊續編)』상.하(2011)로 엮어 영인.교점본을 출판하였습니다. 일제강점기 중국어 학습서는 『한어회화서(漢語會話書)』(2009), 『한어회화서속편(漢語會話書續編)』(2011)에서 국내 자료 15종이 처음 소개되었으며, 이들의 서지적 특징, 중국어 어휘, 어법, 어음 등 언어학적 특징, 저자, 중국어 교육의 시대적 배경 등을 고찰한 연구들이 진행되고 있습니다. 국내뿐만 아니라 중국에서도 북경관화를 다룬 이 자료들에 관심을 두고 '조기 북경어 진본 전적 교점 주석 및 연구(早期北京話珍本典籍校釋與研究)' 과제의 성과로 2017년 북경대학교출판사에서 영인.교점본 10종을 출판하였습니다. 이렇게 국내의 중국어 학습서들은 시기별로 중국어의 사적 변천은 물론 중국어 교육 면모까지 살펴볼 수 있는 매우 중요한 연구자료로서 국내외에서 많은 관심을 두고 연구하고 있으며, 향후 더욱 다양하고 깊이 있는 연구를 위해서는 관련 문헌자료를 지속해서 발굴하고 정리해야 할 것입니다.

연세대학교 중국연구원 고적연구소는 근현대 중국어 연구의 토대가 되는 문헌자료의 소장현황을 정리하여 2017년『한국 도서관 소장 – 한국 출판 20세기 중국어 교재 목록』을 출판한 바 있습니다. 이 문헌들은 우리나라 중국어 학습서의 계보를 잇는 중요한 자료이자 근현대 언어.사회.문화의 과도기적인 면모를 살펴볼 수 있는 유용한 자료입니다. 그러므로 연세대학교 중국연구원 고적연구소는 지속적인 연구 기반을 강화하기 위해 선문대학교 중한번역문헌연구소와 협력하여 앞서 진행되어 온 영인.교점본 총서에 이어 1900년에서 1950년대의 자료를 중심으로『근현대 중국어 교육자료 총서』를 발간하게 되었습니다. 향후 새로운 자료를 계속 정리하고 교점하여 출간할 예정이며, 관련 연구자들에게 도움이 될 것으로 기대합니다. 앞으로도 지속적인 문헌 발굴과 정리를 통해 중국어 교육사 연구의 깊이를 더해 나가기 위해 노력하겠습니다. 감사합니다.

연세대학교 중국연구원

김현철 드림

总序

韩国的中文教育史可以追溯至统一新罗时期设立的“相文师”，后演变为朝鲜时代的译官培养机构“司译院”，迭代延续千年而成当下的教育体系。为了与中国进行顺畅的沟通，从高丽后期至朝鲜时代编纂的《老乞大》和《朴通事》等典籍真实地反映了各个时代中文的变迁，现已被国内外学术界广泛认可，成为重要的汉语史研究资料，引起众多研究者的关注。

自朝鲜时代以来至日据时期的中文学习资料，鲜文大学中韩翻译文献研究所已出版了多部影印本。其中涉及的朝鲜时代典籍，如《骑着一匹》、《中华正音》、《华音撮要》、《关话略抄》和《象院题语》，在国内出版影印本后，汇编了相关词汇，并出版了《朝鲜后期汉语会话书词典》。此外，中国中华书局于2011年出版了《朝鲜时代汉语教材总刊》和《朝鲜时代汉语教材总刊续编》的影印和校点本。

在日据时期的中文文献中，《汉语会话书》(2009)和《汉语会话书续编》(2011)首次收录了15种韩国中文教材。多位学者对这些资料进行过深入研究，考察了作者及历史背景，梳理了其书目特征，总结了相关词汇、语法及音韵等语言学特点。这些涉及北京话的资料在国内外也引起了广泛关注。作为“早期北京话珍本典籍校释与研究”项目的成果，2017年北京大学出版社出版了10种影印和校点本。因此，韩国国内中文学习书籍不仅为研究中文的历史变迁提供了重要依据，也为深入探讨中文教育的各个方面提供了宝贵资料。

延世大学中国研究院古籍研究所整理了近现代汉语研究的教育资料，

并于2017年出版了《韩国图书馆收藏——韩国出版20世纪汉语教材目录》。这些文献不仅连接了韩国中文学习书籍的谱系，更为研究近现代语言、社会与文化的过渡阶段提供了有价值的参考。基于此，延世大学中国研究院古籍研究所与鲜文大学中韩翻译文献研究所合作，计划在之前出版的影印本总集基础上，推出《近现代汉语教育资料丛书》，重点收录1900年至1950年代的相关资料。未来，研究所将继续整理和校点新资料，期待为相关研究者提供帮助。我们将致力于持续发掘和整理文献，深化中文教育史相关研究。谢谢！

延世大学中国研究院
金铉哲

<일러두기>

(1) 원전의 중국어 표기를 최대한 반영하여 입력하되 지원되지 않는 속자, 이체자 등은 번체자로 표기하였다.
(2) 원전을 그대로 수록하되 중국어와 한국어는 현행 표점과 띄어쓰기에 맞추었다.
(3) 원전의 공란은 '○', 판독이 어려운 글자는 '□'으로, 어음 표기는 '[ ]'으로 표기하였다.
(4) 입력 문서에서 지원되지 않는 한자는 '[ ]'안에 '+'로 연결해 표시하였다.
(5) 『中洲正音』의 두주(頭註) 내용은 해당 원문에 각주로 표시하였다.
(6) 『中洲正音』의 소제목이 간혹 순서에 맞지 않지만 원전에 표시된 대로 표기하였다.
(7) 『中洲正音』에 보이는 중국어 성조 표기는 일괄 생략하였다.
(8) 『官話記聞』의 오기나 보충 설명은 해당 원문에 각주로 표시하였다.
(9) 연구의 편의를 위해 『官話記聞』의 이본인 동국대 소장 『華語』 입력본을 부록으로 수록하였다.

차례

신자료 관립한어학교 중국어학습서 『中洲正音』 소고

1. 들어가는 말

본 연구는 새로 발굴한 19세기 중국어학습서 『중주정음中洲正音』을 학계에 소개하고, 『중주정음』의 서지와 내용을 분석 고찰하는 데 목적을 둔다.

『중주정음』은 1987년 관립한어학교의 중국어 교과 내용을 담고 있는 자료로, 현재 선문대학교 중한번역문헌연구소에서 소장하고 있으며, 학계에 아직 소개되지 않은 신자료이다.

과거 고려, 조선시대의 역관 양성기관에서 사용했던 중국어 학습서인 『노걸대』, 『박통사』 등을 비롯해 일제강점기의 중국어 학습서 등은 당시 중국어 및 중국어 교육 양상을 살펴볼 수 있는 중요한 문헌자료들로, 지금까지도 국내외 학계에서 다양한 각도로 많이 연구되고 있다. 본 연구의 연구자료인 『중주정음』은 특히 근대교육을 표방하며 설립된 관립한어학교의 중국어회화 교과 내용을 담고 있으며, 지금까지 관련 자료를 발견하지 못해 연구되지 못한 19세기 말 관립한어학교의 중국어 교육 내용에 대해 살펴볼 수 있는 매우 중요한 문헌자료라 하겠다. 따라서 본고에서는 『중주정음』의 서지적, 내용적 측면에서 상세히 분석하여 당시의 중국어 학습 내용을 고찰하고자 한다.

2. 관립한어학교의 설립배경 및 교과과정

문헌기록에 의하면 우리나라의 중국어 교육은 후삼국시대 태봉왕조(901-918)에서 설치한 사대史臺라는 관청에서 모든 외국어 학습을 관장한 것에서 시작된다. 고려시대에는 몽고와의 정치, 사회, 문화 등 다방면에서의 활발한 교류로 몽고어 교육이 중시되었고 역관의 지위도 높아졌다. 1276년 통문관이 설치되었는데, 이는 역관을 정식으로 양성하는 최초의 국가기관이었다. 통문관에서는 한어와 몽고어만을 가르쳤으며, 후에 사역원으로 바뀌었다. 조선시대에는 고려의 사역원을 그대로 계승하여 1393년 중국어 번역과 통역 인재를 양성하는 국가 기관으로 발전시켰다. 1880년대 조선은 대원군의 쇄국정책에서 벗어나 문호개방을 하면서 미국, 독일, 영국 등의 서방국가들과 수호통상조약을 맺기 시작한다. 당시 청나라에서 외교통상 및 해관고문으로 추천한 독일인 묄렌도르프는 조선에 외국어 교육 학교 설립을 건의하였다. 이에 따라 정부는 1883년 한국 최초의 근대식 교육기관인 동문학을 서울에 설립하여 통역관 양성을 목적으로 영어를 가르쳤으며, 1886년 정부에서 육영공원을 설립하여 본격적으로 외국어 교육을 실시하였다. 1894년 영어학교로 이름이 바뀌고, 1895년 관립외국어학교가 설립되게 된다. 그 사이 일어, 중국어 등 다른 외국어도 학교를 세웠는데, 중국어 는 1891년 6월 한어학교를 설립하였다. 하지만 청일전쟁에서 청나라가 패하면서 그 영향으로 1894년 6월부터 폐쇄되었다가,[1)] 1897년 5월 1일 3년 만에 관립한어학교로 다시 문을 열게 된다. 교사로는 후원웨이胡文煒가 초빙되었다. 입학조건은 남녀 구분하지 않고 15세 이상 23세 미만이었으며, 1906년 관립한성한어학교로 명칭이 바뀌고 나서 12세 이상의 남자로 변경하였다. 학제

---

1) 우현정(2018)에서는 한어학교가 1894년 6월부터 10월까지 관립학교로 전환되었고, 중국어교사 초빙 문서, 관립외국어학교 입학생도 명단에 근거하여 1895년 1월 이후에 폐쇄한 것으로 보고 있다.

도 2학기제에서 3학기제로 변경하였다. 1908년 1월 1일에는 칙령 제55호에 따라 영어, 일어, 중국어, 프랑스어, 독일어 5개 외국어학교를 합병하여 관립한성외국어학교로 명칭하고 중국어는 '한어부'로 칭하였다.[2)]

관립한어학교의 교과과정에 대해 1906년 이전의 자료에서는 찾아볼 수 없다. 다만 외국어학교의 규칙에 보이는 수업과목을 실시했을 것으로 추정되는데, 1900년도 교과목에는 외국어, 한문, 독서, 작문, 한국사, 지리로 되어 있다. 실제 정확한 교과과정은 1908년 외국어학교가 합병된 이후에서야 확인된다. 언어과목으로는 學語(학어), 漢譯(한역), 漢文(한문), 書取(서취), 四聲(사성), 會話(회화), 讀法(독법), 證音(증음), 談論(담론), 溫習(온습)이 이루어졌으며, 이외에 산술, 역사, 지지, 한문, 작문, 체조가 있었다. 언어과목의 내용을 간략히 보면, 먼저 '학어'란 중국어 표준어로 일상생활 관련 내용의 교재를 읽고 이해하는 독해수업이다. '한역'은 중한번역을 말하며, '서취'는 받아쓰기, '온습'은 복습을 의미한다. '독법'은 중국어 문장의 구두점 표시하기이며, '증음'은 발음 연습, '사성'은 성조, '담론'은 문법을 말한다. 매주 28시간씩 3년 반 동안 진행되었으며, 특히 발음연습은 '증음'과 '사성' 두 과목으로 나누어 교육할 정도로 중시되었다.[3)]

한어학교에서 사용한 교재에 대한 기록 역시 1908년도 이후만 확인이 가능한데, 독해과목에는 『亞細亞言語集(아세아언어집)』, 『官話指南(관화지남)』,『淸語案內(청어안내)』를 사용했으며, 이중 『아세아언어집』, 『官話急就篇(관화급취편)』은 일본이 근대시기의 중국어교육에 주로 사용한 교재였다.[4)] 지금까지는 1908년도 이전의 교육과목 및 교재에 대한 기록이 없어 확인할 방법이 없었다. 그러나 본 연구자료인 『중주정음』에 당시의 교과목을 엿볼 수 있는

2) 이광숙(2011), 우현정(2018) 참조.

3) 이광숙(2014) 참조.

4) 한용수(2000) 참조.

기록이 있는데, 상세한 내용은 다음 장에서 살펴보도록 한다.

3.『中洲正音』의 서지 및 내용 특징

3.1 서지적 특징 및 저자

『중주정음』은 책의 겉면에 '中洲正音'이라 표제가 적혀 있고 붉은 색으로 '官立漢語學校', '光武 元年(1897) 九月'이라 쓰여 있으며, 총 47면으로 된 필사본이다. 또한 겉표지에 작성자로 '金寧鎭'이란 인명이 적혀 있다. '中洲'는 '中華'처럼 중국을 의미하는 것으로, 본래 '中州'로 표기하나 '洲'를 통용자로 사용한 듯하다. 이외에 두 장의 별지가 있는데, 낱장으로 떨어져 있는 별지에는 마치 어휘집처럼 한글과 그에 대역되는 중국어 어휘, 어구가 정리되어 있다.

1987년에 입학한 관립한어학교의 학생 총 수는 120명이며 재학생 수는 40명으로,[5] 입학생 명단이나 재학생 명단이 없어 필사자를 직접 확인할 수는 없지만, 책 내용에 수업시간 등을 상세히 적어 놓은 것으로 보아 관립한어학교 학생으로 추정해도 무리는 없을 것이다. 아래는 『중주정음』의 겉표지와 속지이다.

5) 이광숙(2011)에 의하면 입학생 수와 재학생 수가 차이가 나는 것은 당시 취업, 정치적 요인 등으로 인해 학업을 중도에 포기하는 학생이 많았기 때문이다.

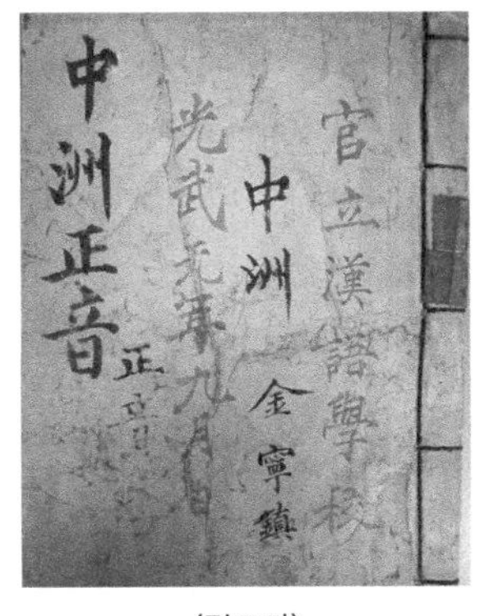

〈겉표지〉

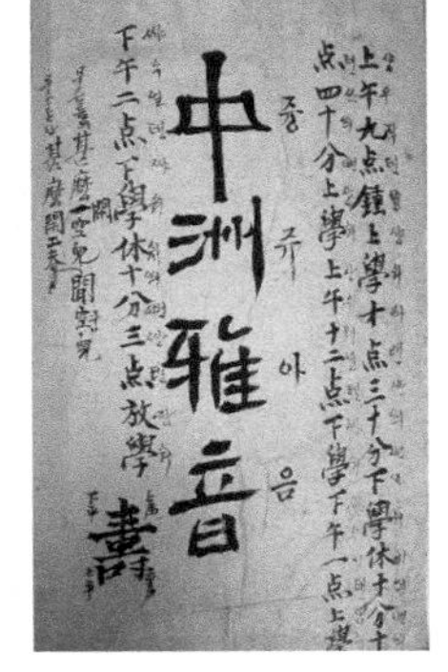

<표지 뒷면>

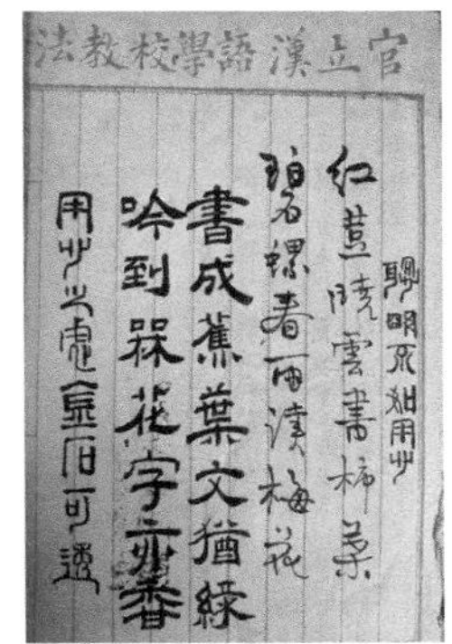

<속지1a>

위의 사진에서 보이듯이 표지 뒷면에는 필자가 가운데 커다랗게 '中洲雅音 중쥬아음'이라 적고 관립한어학교의 수업 시간 구성을 기록해 놓았다. 구체적인 내용은 아래와 같다.

> 上午九点鐘上學，十点三十分下學，休十分．十点四十分上學，上午十二点下學．下午一点上學，下午二点下學，休十分，三点放學。(오전 9시에 수업 시작, 10시 30분에 수업 마치고 십 분 휴식. 10시 40분에 수업 시작, 오전 12시에 수업 마침. 오후 1시에 수업 시작, 오후 2시에 수업 마침, 십 분 휴식. 3시에 하교) [『중주정음』 표지 뒷면]

'上學'는 본래 '등교하다'라는 의미이지만, 위의 기록에서는 수업이 시작되는 시간을 나타내었다. 학교 일정과 관련된 내용은 책의 중간부분 내용에도 적혀 있는데 아래와 같다.

> 今兒是考的日子了，所以學部衙門大官以下都光臨。再者，本校總教師、副教官和學生們都是整整齊齊的行了考禮。我預定怕是比較之後出放的時候公道極了。

(오늘은 시험 보는 날이라 학부 아문 대관 이하의 분들이 모두 오셨다. 게다가 본교 전체 교사, 부교관과 학생들이 모두 질서 정연하게 시험 의식을 행했다. 나는 아마도 비교 후에 공평하게 결과가 나올 것이라 예상한다.) [『중주정음』37b]

위 내용은 필사자가 시험 당일에 작성한 글로, 학부 아문의 관료, 전체 교사와 부교관 참석 하에 시험을 볼 정도로 상당히 중요한 시험임을 엿볼 수 있다. 맨 마지막 장에는 실제 시험을 보는 요일과 시험 과목까지 기록한 내용이 있는데 아래와 같다.

考期定於來月曜日而課目開列于左。(시험일자는 다음 달 월요일로 정해졌고 과목은 왼쪽에 나열한다.)
陰曆丁酉至月二十七日(음력 정유년 11월 27일)
書取　繙譯漢話　繙譯國文　証音　四聲　會話　寫字 (받아쓰기, 번역중국어, 번역국어, 증음, 사성, 회화, 글쓰기) [『중주정음』44a]

위의 내용을 통해 보건대, 당시 시험 과목은 총 7과목으로 상술한 1908년도의 교과목과 비교해 보면 발음연습은 역시 '証音(증음)'과 '四聲(사성)'으로 나뉘어 진행되고 있었다. 중국어 발음 학습을 매우 중요시하고, 세분하여 진행해 왔음을 알 수 있다. 繙譯(번역)은 1908년도에 한역만 있는데 비해 관립한어학교는 '繙譯漢話(번역한화), 繙譯國文(번역국문)', 즉 중한번역과 한중번역으로 나뉘어 있으며, '寫字(사자)'가 별도로 있는 것이 다르다. 지금까지는 실제 19세기 말 관립한어학교의 교과과정을 알 수 있는 사료가 없었는데, 이 부분을 통해서나마 우리는 1897년 관립한어학교 개교 후 첫 학기의 수업

구성을 추측해 볼 수 있다.[6)]

이외에 첫 면에는 상미 부분에 '官立漢語學校教法'이라 적혀 있으며, 아래에는 학습과 관련된 중국의 대련 문구가 네 구절 적혀있다. 대련은 두 종류의 문구로, 상세 내용은 아래와 같다.

(1) 红豆晓雲书柿葉, 碧螺春雨读梅花。(붉은 구름이 흐르는 새벽 동틀 무렵 감잎에 시를 쓰고, 소라껍질 같은 봄비에 매화를 감상한다)
(2) 书成蕉葉文犹绿, 吟到梅花字亦香。(바나나 잎에 글을 쓰니 마치 잎처럼 푸르고, 매화를 읊으니 글자 역시 향기롭다)

문구 (1)은 청대 마지막 과거시험 장원인 福州 출신 王仁堪이 쓴 대련으로, 풍경의 아름다움을 읊고 있어 많은 서예가들이 즐겨 쓰는 대련이다. (2)는 문인에게 어떻게 대련을 쓰는지 가르치는 책인『时古对类』에 나오는 구절로 그 작성자는 알 수 없지만 『红楼梦』(程甲本)제17회에도 나오는 만큼[7)] 청대에 많이 유행했던 대련으로 보인다. 이외에 위의 두 문구 양 변에는 아래와 같은 문구가 적혀 있다.

(3) 聰明不如用心, 用心之處金石可透。(총명한 것은 열심히 하는 것만 못하며 열심히 하면 금석도 뚫을 수 있다)

(3)은 학업을 근면히 해야 함을 강조하는 문장으로,『중주정음』의 속지에

---

6) 1906년 8월 27일 외국어학교령 공포 후 구체적인 교과과정은 한어는 독해, 회화, 서취, 번역, 사성, 증음을 다루었고, 기타 과목으로 수신, 국어, 한문, 수학, 역사지리, 이과, 체조, 일어(수의과)를 다루었다. (이광숙(2014) p.156 참조)

7) 贾宝玉이 "吟成豆蔻诗犹艳, 睡足荼蘼梦也香."라고 대련을 지었는데, 贾政이 웃으며 "这是套的书成蕉葉文犹绿, 不足为奇。"라고 대구하는 부분에 쓰였다.

는 이렇듯 자료 특성에 맞게 열심히 학업에 임해야 함을 강조하는 문구들이 적혀 있고, 이는 필자의 학습 의지와 다짐으로 볼 수 있다.

작성자 김영진이 다니던 관립한어학교는 1897년에 다시 개교하여 3년 과정을 마친 1900년에 첫 졸업생을 배출하였다. 실제 1900년도 관립한어학교 졸업생 명단에 총 5명이 기록되어 있는데 이 명단에서 김영진은 보이지 않는다. 입학생 수에 비해 졸업생 수는 상당히 적은 편인데 이는 중간에 학생들이 취직하거나 유학을 가거나 또는 다른 언어 학교 교관으로 임용되는 경우가 많았기 때문인 것으로 추정된다.[8)]

3.2 내용적 특징

이 책의 구성은 크게 네 부분으로 나뉜다. 첫 번째 부분은 동일한 발음의 일음절 글자를 성조별로 보여 주고, 각 글자가 형태소로 있는 어휘를 예로 들었다. 두 번째 부분은 역시 동일한 발음의 일음절 글자를 성조별로 나열하였는데, 각 글자가 포함된 문장으로 예문을 들어 보여 주었다. 세 번째 부분은 간단한 인사말과 어구를 나열한 부분이며, 마지막은 과별로 회화 내용을 수록하였다. 이 네 부분을 유형별로 살펴보면 크게 발음학습 부분과 회화학습 부분으로 나눌 수 있다. 아래에서는 발음학습과 회화학습 내용이 어떻게 구성되었는지 살펴보도록 한다.

3.2.1 발음 학습 구성

이 책의 첫 시작은 '中華正音'이란 소제목으로 사성과 발음을 글자로 예시를 들어 설명하고 있다. 근래 발굴한 조선후기 중국어 회화서[9)] 가운데 '中

8) 이광숙(2011) 참조.

9) 근래 소개된 조선후기 한어회화서 필사본은 장서각 소장『你呢貴姓』·『中華正音』·『騎着一匹』, 순천대 소장『中華正音』, 일본 탁족문고 소장『中華正音』, 고려대 소장『騎着

華正音'은 마치 중국어 학습서의 통칭인 듯 적지 않게 보이며, 표준중국어란 의미이다. 한국에서는 선문대 중한번역문헌연구소, 순천대 도서관, 연세대 도서관, 한국학중앙연구원, 숭실대 한국기독교 박물관 등에 소장되어 있으며, 일본의 탁족문고, 아천문고에도 동일한 이름의 자료가 소장되어 있다.

첫 번째 부분에는 모두 119개의 발음에 해당하는 글자를 나열하고, 그에 해당하는 단어들을 예시로 보여 주고 있다. 두 번째 구성 부분은 35개의 발음에 해당하는 글자를 제시하고, 그 글자가 들어있는 속담이나 문장을 제시하였다. 두 부분에서 제시한 발음을 보기 편리하도록 현재의 한어병음으로 정리하면 아래와 같다.

匹』(上下), 일본 아천문고 소장 『中華正音』, 일본 소창문고 소장 『華音撮要』·『關話畧抄』, 이화여대 소장 『漢談官話』, 선문대 중한번역문헌연구소 소장 『學淸』·『中華正音』(화봉문고 구장)·『華語抄畧』, 수경실 소장 『漢語』, 숭실대 한국기독교 박물관 소장 『中華正音』등이다. 이에 관한 자세한 내용은 교주서 박재연·周發祥, 『你呢貴姓·學淸』, 중한번역문헌연구소, 2002/ 박재연·김아영, 『騎着一匹』, 중한번역문헌연구소, 2008/ 박재연·김아영, 『中華正音』(장서각본), 중한번역문헌연구소, 2009/ 박재연·遠藤光曉, 『關話畧抄』, 중한번역문헌연구소, 2010/ 박재연·김영,『騎着匹·中華正音』, 학고방, 2011/ 박재연·박철상·최정혜, 『漢語·華語抄畧』, 학고방, 2012 참조.

표 1. 『중주정음』에서 제시한 발음

성모	각 성모별 발음 및 출현 순서									
b	bi	ben	bu	bei	ban	ba	bai			
p	pan	po	pa	pi						
m	mei	ming	ma	meng	mao					
f	fu	fan	fen	feng	fang					
d	dao	duo	da	duan	dian	deng	dou	dong	dian		
t	tai	tian	tong	ti	tiao	tou				
n	na	na	nuan							
l	ling	li	lai	luo	leng	liang	lian	lun	lao	liu	la
g	gui	guo	ge	gai	gao	guan	gan	guang		
k	ke	kuan	kai	kou	kang					
h	hao	hou	hu	he	hai	huo	hen			
j	jiao	jian	jin	jia	jiang	jie	jing	jiu	ju	ji	
q	qing	qian	qi	qi	qiao					
x	xing	xiang	xie	xiu	xiao	xiang	xia	xin	xian	xiu	
z	zi	zuo	zao	zun						
c	cao	chi	cuo							
s	san	shuo	shu	si	sao	sui				
zh	zhi	zhe	zhong	zhan	zheng	zhai	zhi	zhang		
ch	chu	che	cha	chen	cha	chuang	chuan			
sh	shi	shan	shao	shen	sheng					
r	ren	re								
a	a	an	ai							
i	ye	yi	yin	yao	yang	you	yi	yin	yan	ying	
u	wu	wo	wei	wai	wan	wen	wang			
yu	yuan	yu								
er	er									

위의 발음표를 보면 모두 154개의 발음으로 나열했지만, 'dian', 'na', 'qi', 'zhi', 'cha', 'xiu', 'xiang', 'zhi', 'yi' 9개의 발음이 중복 열거되어 실제로 총 145개의 발음을 보여 주었다. 그중 두 개의 발음은 현재와 다르게 분류되었는데, 다음과 같다.

(1) 消學小笑　消化　學好人　小氣　笑話 (6b)

(2) 心尋○信　心腹事 尋東西　○○　不信服 (7b)

(1)은 발음 'xiao'를 나타내는 글자를 나열했는데, 두 번째 '學(xué)'가 이에 해당하지 않는 경우이다. (2)는 발음 'xin'을 나타내는 글자들인데 역시 두 번째 '尋(xún)'자가 이와 다르다. 이 둘은 모두 개구음으로, 일제강점기 중국어학습서도 발음설명 부분에서 『중주정음』과 마찬가지로 수록하였다. 아래는 『중주정음』과 일제강점기 중국어학습서『華語精選』[10)]의 〈官話平仄編〉에 보이는 발음별 글자 나열 부분이다.

(3) 消學小笑 消化 學好人 小氣 笑話 (『중주정음』6b)

(4) 쌰 消 學 小 笑
　 쒀 說 學 　 朔 (『華語精選』)

위의 한글 발음표기를 보면 『화어정선』의 경우 두 가지로 표기해 놓았는데, 이는 '學'이 동사 '배우다'란 용법으로 쓰일 때는 'xiao', 명사 의미의 형태소로 쓰일 때는 'xue/shuo'로 구분하여 발음을 표기하고 있다. 예문을 통해 보면 더욱 분명하게 다름을 알 수 있다.

---

10) 일제강점기 중국어회화서 자료는 학고방의『漢語會話書』(2009), 『漢語會話書續編』(2011) 참조.

(5) 學過幾年纔畢業呢? [쌰궈지녠칙쎄예니] 몟 히를 배호면 능히 졸업를 ᄒᆞᄂᆞ뇨?(『華語精選』85쪽)

(6) 你學過幾年的工夫? [늬쌰쒀지녠듸쑹뿌] 로형은 몟 해나 보여 왓쇼? (『中國語自通』32쪽)

(7) 像你聰明人能學쌰書, 像썅我워這樣愚笨뻔人신, 連렌書也不能學쌰不成。당신같이 聰明한 사람만 글을 배우고 나와 같이 이렇게 愚鈍한 사람은 오히려 글까지도 배우지 못한단 말이오.(『中語大全』95쪽)

(8) 你睡到甚麽時候了, 還不起來上學쉐麽? (『중주정음』11b)

(9) 古語兒說的, "玉不琢, 不成器치", 所以人不學쌰不知義이。(『중주정음』18b)

學堂 [쒀탕] 학당 (『華語精選』37쪽)

(10) 你們的學堂在那兒? [니먼디쉬탕재나얼] 너의 학당이 어듸 잇ᄂᆞ뇨?(『華語精選』83쪽)

(11) 我上學堂去。[워쌍쉐탕취] 나는 학교로 가오 (『中國語自通』31쪽)

(12) 已經징到了暑暇쟈, 學쒀生們都뚜回家去了。발서 夏期放學이 되여 學生들이 모두 집으로 돌아갔오.(『中語大全』46쪽)

위의 예문들을 보면, (5)~(7)의 예문처럼 일음절 동사로 사용될 때는 모두 '쌰(xiao)'로 표기하였고, (8)~(12)의 예문처럼 명사 형태소로 쓰였을 때는 '쒀/쉐/쉬'로 표기하였다. 이를 보건데 당시 '學'의 발음은 품사에 따라 분명히 구분하여 사용한 것으로 볼 수 있다. 이외에 특징으로 보이는 것은 성모별로 나열된 발음 개수를 보면, 성모 'l'과 결합하는 운모의 예를 가장 많이 보여 주고 있다.

3.2.2 회화 내용 구성

세 번째 부분은 간단한 인사 안부를 묻는 회화 내용과 111개의 어휘와 어구의 나열로 구성되어 있다. 인사 관련 대화에서 보이는 성과 이름을 보건대, 『官話指南』의 첫 부분에 나오는 인명이 보여 흥미롭다.

您貴姓?	您納貴姓?
賤姓吳。	賤姓吳。
請敎台甫。	請敎台甫。
草字資政。	草字資靜。
沒領敎。	…
賤姓張。(38a)	我賤姓張。(『官話指南』第一章)

이 부분이 눈에 띄는 것은 1906년의 관립한성외국어학교에서 중국어 회화 교재로 일본의 『亞細亞言語集』과 『官話指南』을 사용했기 때문이다. 『관화지남』은 1883년에 吳啓太 · 鄭永邦이 작성한 중국어 회화서로, 관립한어학교에서도 충분히 학습 교재로 활용되었을 가능성이 높다. 그리고 그 다음으로 과별 회화 내용을 담고 있는데, 학습 내용의 전체를 기록한 것이 아니라 부분별로 기록하였다.

과별 표기를 보면 〈一課〉, 〈二扒上課〉, 〈七課〉, 〈十四課〉, 〈十五課〉, 〈三十課〉 이렇게 5개의 과가 기록되어 있으며, 중간의 과들은 생략한 것으로 보인다. 과별 내용은 아래와 같다.

단원	내용
一課	일본 상인과 중국인의 대화, 주인공은 중국인
二課	앞과에 이어 중국 상인의 교역 상황에 대한 이야기
七課	말 매매, 가격 흥정
十四課	玉씨 관원과 나누는 대화, 북경에서 기차 타고 천진에 가서 일본 윤선을 타고 온 이야기

十五課	앞과에 이어지는 대화, 중국 배를 못 타고 온 이유 설명, 갖고 온 물품 얘기
三十課	남자답게 겁내지 말고 시원하게 소통해야 한다는 훈계

위의 내용은 중국 상인이 주인공으로, 북경에서 천진으로 건너 가 일본 윤선을 타고 일본에 도착하여 일본 상인과 나누는 대화들로 구성되어 있다. 중간에 많이 생략되어 회화 내용의 제대로 된 면모를 파악하기 어렵지만, 부분이나마 당시의 학습 내용을 살펴볼 수 있다.

4. 『中洲正音』의 중국어 어휘 및 숙어 특징

4.1 어휘적 특징

아래에서는 『中洲正音』의 어휘들 가운데 『중주정음』에만 사용된 어휘, 『중주정음』용례가 한중 문헌자료 가운데 가장 이른 어휘, 기존 문헌자료에서 사용 용례가 극히 적었던 어휘 등 특징적인 어휘에 대해 품사별로 나누어『中朝大辭典』, 북경대말뭉치 CCL의 용례와 비교하여 해당 어휘의 사용 및 발전양상에 대해 살펴보도록 한다.

4.1.1 명사 어휘

사람을 나타내는 명사 어휘 중 기존 자료에서 용례가 적게 보이는 어휘들이 있는데 살펴보면 아래와 같다.

• 皂役人

'皀役人(쨔이ㅡ)'은 옛 관아의 '하인, 종'을 칭하는 명사로, 국내 중국어 자료에서는 거의 사용되지 않은 어휘이다. 청대 소설에서부터 보이는데 관련 용례들도 대부분 '皀役' 이음절 단어로 사용되었으며, '皀役人'은 두 개의 용례만 보인다.[11)]

"那麼, 我吩咐書吏、皀役人等至卯時一斉謁見你。" 그럼 제가 서기와 하인을 시켜 묘시에 모두 당신을 뵙게 하겠습니다.(14b)

• 馬販子

'馬販子(-반-)'는 '말 판매상'을 의미하는 명사로, 물건 파는 판매상인 '販子'에 판매하는 동물 명칭인 '馬'를 직접 붙여 '말 판매상'을 나타내었다. 명대 소설『西遊記』, 청대『官场现形记』등에서 5개의 용례가 보인다.[12)]

後來我一打聽那個騎牲口的人是個馬販子。나중에 내가 알아보니 그 가축을 타던 사람은 말 판매상이었습니다. (17a)

• 替工児的

'替工児的'는 '대신 일해 주는 사람'을 나타내는 명사이다. 이 어휘는 동사 '替工兒(대신 일하다)' 뒤에 '的'를 붙여 다른 명사를 수식하는 관형어가 아닌 사람을 나타내는 접미사처럼 활용하였다. 다른 문헌자료에는 보이지 않으며, 예문은 아래와 같다.

你若是再告仮, 淂找替工児的替你纔行哪。만약 네가 휴가를 내면 너 대

11) 立即着令家人传齐书差皀役人等, 自己束带, 衣冠升堂, 来至公案坐下。(『乾隆南巡记·上』) 并有牛头和马面, 两旁皀役人等。(『彭公案·二』)

12) 今日晚间, 已是将收铺子, 入更时分, 有这四个马贩子来赁店房, 他要上样管待。(『西遊記』下) 这卢五从前本是马贩子出身。(『官场现形记』上)

신 일할 사람을 구해야 한다. (12b)

이와 같은 형식의 사람을 나타내는 명사로 '看門的'도 사용되었는데, 이 단어는 명청 소설에 75개의 용례가 보여 동사 뒤에 '的'만 붙여 사람을 나타낸 형식이 적지 않게 쓰인 것으로 보인다.

'為甚麼不叫看門的先通知一声再進来? 왜 문지기를 시켜 먼저 알리고 들어오게 하지 않았느냐? (14b)

'頂好的'처럼 사람이 아닌 사물을 나타내는 경우도 있는데, '제일 좋은 물건'이란 뜻이다. 청대 소설에서 5개의 용례가 보인다.[13)]

這樣的紬子, 我要頂好的, 有沒有? 이런 견직물은 내게 제일 좋은 것으로 주시오. 있습니까? (8b)[14)]

• 巫婆子

'巫婆子(우--)'는 '무당'이란 의미의 명사로, '巫婆'란 명사에 접미사 '子'를 붙여 사용하였다. 역시 다른 문헌 자료에서는 용례를 찾을 수 없다.

---

13) 原泡高粱是顶好的。(施公案) 掌柜的说:"这就是顶好的了, 这個刀能斩钉削铁, 再没有比这個好的了。"(济公全传)

14) 【頂好的 정호지】dǐnghǎode 제일 좋은 것.¶ 읏듬 죠흔 거시라 (課錄 雜類 110a) ▼상픔 || "你着班役去取幾套頂好的青袍、銀帶、冠帽、朝靴來試穿一穿, 相稱的買一套就是了。" 너ᄂᆞᆫ 입번ᄒᆞᆫ 아역으로 ᄒᆞ여곰 가셔 상픔의 청포와 은ᄃᆡ와 ᄉᆞ모와 화ᄌᆞ 몃 벌을 가져다가 닙어보와 맛ᄂᆞᆫ 거ᄉᆞ로 한 벌을 ᄉᆞ시게 ᄒᆞ미 올흐리라 (雪月 13:30) [쌍-] 苗三爷体贴大爷的意思, 与王家讲说再四, 用他那副顶好的, 说明一百八十两白银。(『绿野仙踪 · 中』)

巫婆子跳神，不過哄騙人家的幾個銭，若是信服他，難免要上襠了。
무당이 춤추며 제사를 지내는 건 사람들 돈을 사기 치는 것이다. 만약 그를 믿으면 속는 것을 피하기 어렵다. (13b)

• 眼力見児 /冬景天

'眼力見児'은 '눈치'란 의미의 명사로, 『現代漢語辭典』에 수록되어 있다. 그러나 민국시기 자료 이전에는 용례가 보이지 않으며, 이 자료에서의 용례가 지금까지는 가장 이른 시기의 용례로 추정된다. '冬景天(뚱징-)'은 '겨울'이란 의미로, 역시 『중주정음』의 용례가 가장 이르다.

你一点児眼力見児都没有。他端着一盤子傢伙，還不給他起簾子来，好讓他進来啊。너는 눈치가 하나도 없구나. 그가 물건을 들고 있으면 발을 올려 줘야 들어오기가 쉽지.(14b)
你不知道現在價錢不算貴。等到了冬景天的時候，劈柴鎖的多，價錢可就貴的了不得了。지금 가격인 비싼 게 아님을 모르시는군요. 겨울이 되면 땔나무가 묶여 가격이 정말 비싸집니다.(17a)

• 浮皮

'浮皮'는 『現代漢語辭典』에 '생물체의 표피'와 '물체의 표면'이란 두 의미 항목을 갖고 있는 어휘이다. 그러나 우리나라의 『譯語類解』, 『古今釋林』에서는 '비듬'이란 의미로 소개하고 있는데, 『중주정음』역시 어휘만 나열한 별지에 동일한 의미로 수록하였다.

浮皮 비듬 (譯上 身體 32b)
浮皮 비듬 (古釋 修綆 身體 42a)
浮皮 비듬 (別紙)

• 煖廠 / 簾子 /兩鬂賓 /藥麪子

'煖廠, 簾子, 兩鬂賓, 藥麪子'는 『중주정음』에만 보이는 어휘들로, 각각 '따듯한 설비, 발, 나룻, 약가루'를 의미한다. 다른 문헌자료에서는 전혀 보이지 않는 특이 어휘들이다.

> 到了冬天的時候, 城外頭還要設煖廠撫恤難民。겨울이 되면 성 밖에 난방설비를 만들어 난민을 구휼해야 한다.(19b)
>
> 你一點兒眼力見兒都沒有。他端着一盤子傢伙, 還不給他□起簾子來, 好讓他進來啊。너는 눈치가 하나도 없구나. 그가 물건을 들고 있으면 발을 올려 줘야 들어오기가 쉽지.(15a)
>
> 兩鬂賓 살적 (別紙)
>
> 藥麪子 약가로 (別紙)

4.1.2 동사 어휘

• 休秩

'休秩'은 이 자료의 별지에서 보이는 어휘로, 다른 문헌자료에서는 용례를 찾을 수 없다. 의미는 '휴직ᄒᆞᆫ 거'로 풀이해 놓은 것으로 보아, '休業'과 같은 뜻으로 쓰인 듯하다. 여기서 '秩'은 '職'의 중국어 취음자로 보인다.

> 他近来上了年紀, 精神衰敗, 步履維艱, 所以上了□子告病還家隱居不仕了, 今蒙皇上加恩准其原品休秩。그는 근래 나이가 들어 정신이 쇠퇴하고 보행이 어려워, 병환을 이유로 벼슬하지 않고 집으로 돌아가려 했다. 현재는 황상의 은혜로 휴직을 허가 받았다.(16a)

• 佔取

'佔取'는 별지에 수록된 동사로, '취ᄒᆞ다' 라는 의미로 풀이해 놓았다. 이 어휘에서 '佔'은 '占'으로 '차지한다'는 의미이므로 '차지하여 취하다'라는 의미일 것이다.

> 佔取 취ᄒᆞ다 (別紙)

4.1.3 부사 어휘

• 到了兒/冷孤丁的

'到了兒', '冷孤丁的'은 각각 '웃지든지', '홀디에'란 한국어로 풀이되었는데, '어쨌든지/결국', '갑자기'란 의미를 나타낸다. 모두 북경방언 어휘로, 북경관화가 표준어처럼 사용되던 시기의 언어적 특징이 교재에도 반영되었음을 알 수 있다.

> 若是辦不好, 總不肯歇手, 到了兒也要辦好了, 所以'有志者事竟成'那句俗語兒眞不錯的。만약 잘 못하면 어쨌든 손을 놓지 않아 결국에 잘 해냈다. 그래서 '뜻이 있으면 일이 이루어진다'는 말은 정말 맞다.(17b)
> 是甚麼冒失鬼冷孤丁的硬闖[進]來了? 어떤 무례한 자가 갑자기 들어왔느냐? (14b)

• 自好

'自好'는 '마침'이란 의미로 쓰였으며, 우리나라의 다른 문헌자료에서는 보이지 않는다.『金瓶梅』에서 출현한 용례가 보인다.[15)]

---

15) 【自好 자호】zìhǎo 〈副〉 正好, 恰好。|| "西門慶嘗了嘗, 說道: '自好你娘每吃。' 教玉簫、小玉兩個提着送到前邊李瓶児房中。" (金瓶 23) "現在举目無親, 連個存身的地方也都没有。自好大家想個法子, 給他湊点児盤纏, 叫他回家, 免得流落他鄉啊。" (20b)

大家想個法子，自好給他湊点児盤纏，叫他回家，免得流落他鄉啊。모두 들 방법을 생각해 마침 그에게 여비를 마련해 주어 타향에서 유랑하지 않게 집에 돌아가도록 했다. (20b)

4.1.4 기타

다음은 원래의 어휘 글자와 다르게 중국어 발음이나 한자음에 따라 다른 글자로 표기한 취음자 어휘들이다.

• 爬結

'爬結'는 동사 '巴結'의 의미로 쓰였으며, 발음도 '빠제'로 '巴結'의 발음대로 표기하였다. '爬'와 '巴'는 한자음이 같은 글자로, 이와 같은 취음자 형태로 쓰인 것은 다른 자료에 보이지 않는다.

"當初我和他猂相好來着。如今他做了官，狂傲的了不得，竟爬結有錢的人，看不起沒錢的人。" 당초 나와 그는 사이가 좋았다. 근래 그가 관직에 오르고 오만하게 굴며, 돈 있는 사람에게만 아첨하고 돈 없는 사람은 무시한다. (10a)

• 絆嘴

'絆嘴'는 '말싸움하다'는 의미의 동사 '拌嘴'와 같은 뜻으로 쓰였으며, '絆'은 '拌'과 중국어 발음 및 한자음 모두 동일하다. 2회 보이는데 별지와 본문 내용 중에 모두 '絆嘴'로 쓰여 있다.

絆嘴 입으로 닷퉈 (別紙)

你們倆人太厭煩了，儘自這麽絆嘴還能絆出甚麽來麽? 당신 둘은 너무 지긋지긋하오. 이렇게 말다툼만 하면 무슨 결론이 납니까? (18a)

• 悶得謊

'悶得謊'은 '답답하다'라는 의미의 '悶得慌'의 뜻과 같은 표현이다. 다른 문헌자료에서는 '悶得慌' 또는 '悶的慌'으로 주로 표기했는데, 이 자료에서는 '慌'대신 '謊'으로 기록했다. 역시 중국어 취음자로 보인다.

悶得謊 황망 (別紙)

4.2 숙어 특징

앞서 〈3장〉에서 살펴본 바와 같이 이 자료의 두 번째 부분은 34개의 발음을 성조별로 글자를 제시하고, 해당 글자가 들어간 성어, 속담, 관용구 등을 예문으로 들어 학습하게 했다. 각 글자들이 들어간 숙어나 문장을 살펴보면 이 교재를 통해 어떠한 중국어 내용을 교육하고자 했는지 엿볼 수 있다. 아래는『중주정음』에서 예로 제시한 숙어들이다.

(1) 城門失火, 殃及池魚。성문에 불이나면 재앙이 물고기에까지 미친다.[16] (8a)
(2) 要叫人不知, 除非己莫爲。남이 모르게 하-려면 스스로 일을 저지르지 마라. (9b)
(3) 前怕狼, 後怕虎。앞에 늑대가 무섭고 뒤로는 호랑이가 두렵다. 이것저것 두려워하다. (10a)
(4) 窮在市街無人問, 富在深山有遠親。가난하면 시내에 있어도 찾아오는 이 없고, 부자면 먼 곳의 친척도 찾아온다. (10a)
(5) 狐假虎威 남의 권세를 빌어 위세를 부리다. (10b)

16) 번역은 필자가 한 것이다.

(6) 濫竽充數兒 재능이 없으면서 머릿수만 채우다. (10b)

(7) 對牛彈琴 소귀에 경 읽기 (12a)

(8) 苦口良言 좋은 말은 입에 쓰다. (12a)

(9) 馬尾兒穿豆腐-提不[起]來。말총으로 두부를 꿰어서는 들어 올릴 수 없다. 되지도 않을 말을 하다. 헐후어 (12b)

(10) 顚三倒四 말이나 일이 두서가 없다. (13a)

(11) 各掃門前雪, 別管草上霜。각자 집 앞의 눈을 쓸고 풀 위의 서리는 관여하지 마라.(14a)

(12) 狗拿耗子, 多管閑事。개가 쥐를 잡는 격으로 쓸데없이 참견하다.(14a)

(13) 山川容易改, 秉性最難移。강산은 쉽게 바꿔도 사람 천성은 제일 바꾸기 어렵다. (16b)

(14) 有志者事竟成。뜻이 있는 자는 결국 이룬다. (17b)

(15) 一個巴掌拍不響。손바닥 하나로는 소리가 나지 않는다. (18b)

(16) 玉不琢, 不成器。옥도 다듬지 않으면 그릇이 되지 않는다. (18b)

(17) 知人知面不知心。사람 속은 알기 어렵다.(19a)

(18) 水落石出 일이 사실대로 밝혀지다.(19a)

(19) 積善之家, 必有餘慶。선한 일을 한 집에는 반드시 경사가 생긴다.(21a)

(20) 窮的伴富的伴的沒褲子了。가난한 사람이 부자와 함께 어울리다가는 입을 바지조차 없어진다.(21b)

(21) 两袖清風 양쪽 소매에 시원한 바람밖에 없다.(20a)

(22) 創業容易, 守業難。창업은 쉬우나 지키는 것은 어렵다.(28a)

(23) 善有善報, 惡有惡報。착한 일을 하면 좋은 결과가 있고, 나쁜 일을 하면 반드시 나쁜 결과가 있다.(30a)

(24) 人不學, 不如物. 幼不學, 老何爲。사람이 배우지 않으면 물건만 못하

다. 어려서 안 배우면 늙어서 어찌하겠는가. (30b)

(25) 謀事在人, 成事在天。일의 계획은 사람이 하지만, 성패는 하늘에 달려 있다. (30b)

(26) 己所不欲, 勿施於人。스스로 하기 싫은 것은 남에게 시키지 마라.(31a)

(27) 謹言愼行 언행을 각별히 조심하다. (42b)

위에 열거한 속담과 성어들은 지금도 잘 쓰이는 표현들도 있고, 사전에 수록되지 않은 새로운 표현도 있다. 아래 속담은 사전이나 다른 문헌자료에서는 용례가 없는 표현이다.

• (20) 窮的伴富的伴的沒褲子了。

속담이 출현한 내용의 앞부분을 통해 의미를 보면 "가난한 사람이 부자처럼 행세하다가는 입을 바지조차 없어진다."라는 의미로, 자기 분수에 맞게 살아야 한다는 뜻을 나타낸다. 『중주정음』의 용례를 근거로 새로운 표제항으로 등록할 수 있을 것이다.

> 穿衣吃飯得量家, 當沒錢不能辨有錢的事。若有錢, 自然是吃好的, 穿好的。若沒錢, 就是守貧安分最好。俗語兒說的, "窮的伴富的伴的沒褲子了"。(21b)

아래는 다른 문헌자료와 비교했을 때, 의미상 변화는 없지만 일부 글자가 생략되거나 문장 전체가 축약되어 사용한 속담들이다.

• (11) 各掃門前雪, 別管草上霜。

'제집 문 앞의 눈이나 쓸고 다른 풀 위의 서리는 상관하지 말라'는 의미로, '남의 일에 간섭하지 말라'는 뜻의 속담으로 소개되었다. 이 속담은 사전에서는 '各人自掃門前雪, 莫管他家瓦上霜'으로 수록되어 있는데, 우리나라 문헌자료에서는 일부 글자가 생략되거나 바뀌었다. 의미상의 변화는 없다.

> "猫拿耗子是他的責任, 若是狗拿耗子, 就是多管閑事了。所以俗語兒說的, '各掃門前雪, 別管草上霜'。" (14a)
>
> "'各掃自己門前雪, 休管他人瓦上霜。' 我喝我的酒, 化我的錢, 與你什麽相干?" 각기 자긔 문젼에 눈을 쓸고 남의 기와 우희 셔리를 샹관 마시오 내 닉의 술 먹고 내의 돈을 쓰니 네게 무숨 샹관이오 (『華語精選』111)

• (13) 山川容易改, 秉性最難移。

속어사전에는 '山河易改, 稟性難移。', '山河容易改, 稟性最難移。'라는 표현으로 수록되어 있다. 이 책에서의 표기는 다른데, 의미의 변화는 없지만 문어체와 구어체의 어휘 사용 차이가 있거나 일부 글자가 다르다. '川'은 '河'와 상호 유사한 글자이고, '秉'은 '稟'의 중국어 취음자로 사용한 것으로 보인다.

> 他的脾氣天生的乖戾, 怎麽能改得柔和, 所以俗語兒說得好, '山川容易改, 秉性最難移'。그의 성질은 천성이 비뚤어졌으니 어떻게 부드럽게 바꾸겠는가. 그래서 속어에 "산천은 쉽게 바뀌어도 품성은 고치기 어렵다."는 말이 참 맞다.(17a)

• (17) 知人知面不知心。

'사람과 얼굴은 알아도 마음을 모른다'는 의미로, 완전한 표현은 '知人知面不知心, 畵虎畵皮難畵骨。'로 여기에서는 축약했으며, 다른 속담 '人心隔肚皮'와 함께 사용했다. 어떤 문헌자료에서는 완전한 표현을 갖춰 사용하기도 하고,『중주정음』처럼 일부만 사용하기도 했다.

> 知人知面不知心, 畫虎畫皮難畫骨。(金瓶 51 /紅樓 94 /華撮 日用行語 64b)
>
> 知人知面不知心。(朴通事諺解 下41a /騎着匹 下29a)
>
> 畫虎畫皮難畫骨。(崇實大 中華正音)
>
> 人心隔肚皮, 知人知面不知心。(19a)

속담은 오랜 세월 속에 서민들의 생활이나 고전 중에서 연유된 것들로, 주로 교훈적이고 풍자적인 의미를 간결한 문장으로 응축하고 있다. 위의 속담들은 새로운 표제항목으로 등록되거나 기존 문헌자료에서의 활용 형태와 비교할 수 있는 의미 있는 용례가 될 것이다.

5. 나오는 말

『중주정음』은 1897년 개교한 관립한어학교의 중국어 학습 내용을 기록한 필사본으로, 이 시기의 중국어 교육에 대해서 지금까지는 확인할 자료가 없어 미지의 영역으로 남아 있었다. 그러나 근래『중주정음』이 발굴되어 일부나마 당시의 중국어 교육 양상을 살펴볼 수 있게 되었다. 당시 중국어 교육에서 발음 교육은 발음학습과 성조학습을 구분하여 편성할 만큼 매우 중시되었던 것이 필사자의 기록에서 확인되었으며,『중주정음』의 내용에서도 확인할 수 있다. 발음마다 성조별로 상세하게 먼저 일음절로 연습하고, 해당 발음 글자가 들어 있는 어휘, 짧은 문장이나 속담을 통해 연습하기도 했다. 또한 중국어회화 내용을 통해서도 당시의 중국어 회화 학습 면모를 살펴볼 수 있는데, 기록된 내용으로 보건데 일본의 중국어학습서 영향을 받았을 것으로 추정된다. 중국어 어휘 중에는 '煖廠, 兩鬢賓, 藥麪子, 巫婆子, 休秩' 등 『중주정음』에만 출현한 특이 어휘들이 있으며, '眼力見, 冬景天, 到了兒, 冷孤丁' 등은 한중 문헌자료 가운데 가장 이른 용례로 보인다. 이외에 '爬結(巴结), 絆嘴(拌嘴), 悶得謊(闷得慌)' 등의 차음자가 사용된 용례도 볼 수 있어 당시 어휘 사용의 특징을 살펴볼 수 있다. 이 자료의 발견으로 19세기 말기 우리나라 근대식 외국어 교육의 변화된 면모도 다시 고찰하는 계기가 되길 바라며 관련 후속 연구가 이어지길 기대한다.

| 참고문헌 |

『中洲正音』, 선문대학교 중한번역문헌연구소 소장본.

박재연(2002),『中朝大辭典』, 선문대학교출판부.

商務印書館辭書研究中心(2005), 『新華諺語詞典』, 商務印書館.

박재연 · 김아영(2009), 『漢語會話書』, 학고방.

박재연 · 김아영(2011), 『漢語會話書續編』, 학고방.

조인성(1991), 『태봉의 궁예정권 연구』, 서강대학교 박사학위논문.

한용수(2002), 〈한국 근대시기의 한어 교육〉, 『한중인문학연구』제8집, 중한인문과학연구회, 1-14.

이광숙(2011), 〈대한제국의 한어학교에 관한 연구〉, 『교육연구와 실천』제77권, 67-85.

국사편찬위원회(2011), 『개화기의 교육』, 탐구당문화사.

이광숙(2011), 〈대한제국의 한어학교에 관한 연구〉, 『교육연구와 실천』제77권.

박창남(2012), 『개화기 관립외국어학교 출신자 연구』, 성균관대학교 일반대학원 박사학위논문.

이광숙(2014), 『개화기의 외국어교육』, 서울대학교 출판문화원.

김아영(2014), 『일제강점기 중국어회화서 어휘 연구』, 연세대학교 일반대학원 박사학위논문.

유승희(2015), 『구한말 관립외국어학교에 관한 연구』, 한국외국어대학교 교육대학원 석사학위논문.

한용진(2017), 『관제기(1894-1906) 관립외국어학교 연구』, 『한국교육학연구』제23집, 안암교육학회, 57-81.

우현정(2018), 〈갑오개혁 이전의 관립외국어학교에 관한 연구:한어학교의 설립과 폐쇄를 중심으로〉, 『교육사학연구』제28권, 교육사학회, 53-79.

*이 글은 2019년 『중국어문학논집』제119호에 게재된 김아영·박재연 논문을 토대로 하여 작성된 것임을 밝혀둔다.

中洲正音

【1a】

中華正音

昌 上平 聲之平而安者也。

長 下平 聖之平而輕者也。

場 上聲 聲之上而猛烈者也。

唱 去聲 聲之去而哀遠者也。

四音

舌音

口音

齒音

喉音

【1b】

【2a】

第一號

歸○鬼跪 歸着 ○○ 鬼神 跪下

夫服甫富 夫婦 衣服 台甫 富貴

屋吳武物 屋子 吳國 文武 物件

資○子字 資本 ○○ 兒子 字畫

第二號

興行醒姓 興敗 行止 睡醒 姓名

輕晴請磬 輕重 陰晴 請教 鐘磬

交○脚教 相交 ○○ 手脚 教訓

胎台○泰 胎産 兄台 ○○ 康泰

第三號

奸〇儉賤 奸詐 〇〇 儉省 貴賤

操槽草〇 操演 馬槽 花草 〇〇

【2b】

〇沒美妹 〇〇 沒有 美醜 姐妹

〇鈴領令 〇〇 鈴鐺 領子 使令

第四號

出除處處 出入 除去 處事 何處

濕時使是 濕乾 時候 使喚 是非

〇〇那那 〇〇 〇〇 那兒 那兒

〇兒耳二 〇〇 兒孫 耳朵 一二

逼鼻筆必 逼迫 鼻子 筆墨 必得

天田餂掭 天地 田莊 拏舌頭餂 掭筆

那拏那那 在這兒那 拏賊 那個 那裏

窩〇我臥 窩巢 〇〇 你我 坐臥

【3a】

〇爺也夜 〇〇 老爺 也是 晝夜

知直紙志 知道 直屈 紙張 志氣

〇離禮隸 〇〇 離別 禮節 隸書

〇人忍認 〇〇 人物 忍耐 認識

阿〇阿阿 是阿 〇〇 阿甚麼 阿哥

搧〇閃善 搧扇子 〇〇 閃開 善惡

三〇傘散 三個 〇〇 打傘 分散

寃原遠怨 寃屈 原諒 遠近 瞞怨
○來○賴 ○○ 來往 ○○ 倚賴
通同桶痛 通達 同異 水桶 傷痛

【3b】

鄕祥想向 鄕村 吉祥 思想 志向
威爲委位 威嚴 行爲 委員 座位
一移倚易 一天 挪移 倚靠 難易
歪○舀外 歪正 ○○ 舀水 內外
郭國果過 城郭 國家 果然 過失
刀擣倒道 刀搶 擣線 倒了 道理
奔○本笨 奔跑 ○○ 根本 蠢笨
遮折者這 遮掩 損折 再者 這個
哥格○個 哥哥 格外 ○○ 個個兒
○不補布 ○○ 不是 添補 布疋

【4a】

篙豪好耗 篙草 豪傑 好歹 耗費
今○錦近 古今 ○○ 錦繡 親近
○明○命 ○○ 明白 ○○ 性命
千前淺欠 千萬 前後 深淺 該欠
齁侯吼後 齁鹹 公侯 牛吼 隨後
作昨左作 作房 昨天 左右 作爲
媽麻馬罵 爹媽 芝麻 牛馬 打罵
車○扯撤 車轎 ○○ 拉扯 裁撤
○騾擂落 ○○ 驢騾 搶擂 落花

多奪躲馱 多喒 爭奪 躲避 馱子

【4b】

燒勺少少 燒火 勺子 多少 老少

些鞋血謝 好些 鞋襪 氣血 謝謝

○○惹熱 ○○ ○○ 抬惹 熱鬧

○稜冷楞 ○○ 稜角兒 寒冷 ?楞

○○暖○ ○○ ○○ 暖和 ○○

○涼兩輛 ○○ 涼棚 十兩 一輛車

欺騎起氣 欺哄 騎馬 起來 氣色

陰銀引印 陰陽 金銀 引誘 用印

鍤茶扠杈 鍤子 茶葉 扠腰 手杈兒

灣完晚腕 水灣兒 完全 一碗茶 手腕子

【5a】

呼壺虎戶 呼喚 水壺 老虎 門戶

盅◯種種 一盅酒 ○○ 花種兒 裁種

該○改蓋 該當 ○○ 改過 蓋上蓋兒

盃○北貝 茶盃 ○○ 南業 寶貝

沾○盞站 沾染 ○○ 一盞燈 驛站

繙煩反飯 繙譯 煩惱 反正 飯菜

攀盤○叛 高攀 盤桓 ○○ 叛逆

吃匙耻赤 吃飯 羹匙 羞恥 赤色

遭鑿早造 週遭 鑿子 早晚 造化

嗔晨碜趁 嗔怪 淸晨 砢碜 趁着

【5b】

班○板半 班次 ○○ 板尾 一半兒

爭○整掙 爭競 ○○ 整齊 掙錢

家夾假假 本家 夾衣服 眞假 告假

濛家猛夢 濛混 言語 論旨

說○○朔 說話 ○○ ○○ 朔望

○憐臉戀 ○○ 可憐 臉面 貪戀

書熟數樹 詩書 生熟 數一數 樹林子

掄倫○論 混掄 人倫 ○○ 談論

羞○朽袖 不害羞 ○○ 糟朽 領袖

【6a】

磕剋湯刻 磕碰 剋拘 飢湯 時刻

撈勞老潦 撈○ 勞苦 老頭兒 旱潦

安○○岸 安置 ○○ ○○ 河岸

分焚粉分 分開 焚化 麵粉子 本分

溜流柳[走+留] 光溜溜的 流落 楊柳 [走+留]踏

峰逢○縫 山峰 相逢 ○○ 門縫兒

腰窯咬藥 腰腿 煤窯 狗咬 藥材

坡婆○破 土坡兒 ○○ 東西破了

江○講糨 長江 ○○ 講究 糨子

喝河○賀 喝茶 河水 ○○ 拜賀

【6b】

嗐孩海害 嗐這個孩子狠淘氣 孩子 大海碗 利害

搭答打大 搭伴兒 回答 打算 多麼大

街截解借 街上 截斷 解開 摘借

消學小笑 消化 學好人 小氣 笑話

箱詳響巷 箱子 詳細 響亮 街巷

○活火貨 ○○ 死活 火把 貨物

私○死肆 公私 ○○ 死樣 放肆

高○稿告 高低 ○○ 稿子 告示

哀埃矮愛 哀求 塵埃 矮字 愛惜

深神審甚 深山 神氣 審問 甚好

【7a】

寬○款○ 寬貸 ○○ 款項 ○○

摘宅窄債 摘下來 住宅 狹窄 欠債

開○慨○ 開眼 ○○ 慷慨 ○○

關○管礶 關心 ○○ 管閑事 尾礶子

○○口叩 ○○ ○○ 幾口人 回叩

杈查鑔叼 扠手 查看 鑼鑔 叼狗

窓牀闖○ 紗窓 牀褟 闖進來 ○○

方房訪放 方圓 房産 私訪 放心

巴拔把霸 那個人當差眞往上巴結。我有一件事求閣下提拔提拔纔好。

無論做甚麽事，總得有把柄。我的田地叫人家霸佔了。

瞎狹○下 瞎子 狹制 ○○ 下鄉

【7b】

揞值指制 揞起來 値多少錢 指望 制度

端○短斷 端正 ○○ 長短 團結來往

顚○點惦 顚倒 ○○ 點頭 惦記

心尋○信 心腹事 尋東西 ○○ 不信服

拉邋○爉 拉拉拽拽 邋遢 ○○ 爉燭

燈○等瞪 油燈 ○○ 等第 瞪着眼睛

康扛○炕 康健 扛東西 ○○ 烧炕

乾○敢幹 乾爹媽 ○○ 不敢 强幹

經○井淨 經過的 ○○ 井水 潔淨

搔○掃臊 搔首 ○○ 打掃 害臊

【8a】

光武陽九一陰八五

一[課]

溫聞穩問[운] 溫習 多見多聞 老要張狂[광], 少要穩重 問問他是甚麽人。

尊○○俊[쭌] 爵[줘]位尊是說人做的官大。○○ ○○ 俊人物

都○斗鬦[쭈] 都是一樣的 ○○ 一斗糧食 鬦毆[우]就是和人打架。

東○懂動[둥]聽見說, 城外頭來了一群[준]賊, 呌官兵追[쮜]的東逃[탄]西散了。

他那個人不懂好歹, 你理他做甚麽?

看他的擧[쮜]動, 就可以知道他的人性[셩]怎麽樣。

二課

殃洋癢様[양]

城門失火, 殃及[지]池[치]魚[위]。

洋貨就是泰西各國的貨。

[木+匯][괘ᄶ]癢﹕兒

無論買甚麽東西，価[자]錢不能一樣。東西分好歹【8b】，也不能一樣。

憂油有誘 [약]

凡[빠]人帶了孝[샾]服說丁[띵]憂[약]。

香[샹]油[익]是芝麻做的。

這樣的紬[챡]子，我要頂[띵]好的，有沒有？有。

好人同歹人常[챵]在一塊兒，不免[멘]叫他引誘壞[홰]了。

〇隨〇碎[쉬]

〇〇你到我這兒來，還是外人嗎？可以隨便，不要這麽太拘禮了。

〇〇我有一個古磁[쯔]的花瓶[핑]，底[듸]下人給摔[쇄]碎了，叫我心疼[텅]的了不得。

搓矬〇錯[춰]

書桌子上擱[꺼]着一張要緊的信，你怎麽【9a】不問，我就給楺[루]搓[춰]了。

又矮又胖[빵]的人就叫矬[춰]子。

〇〇

那個底下人是個得用的人，你竟[징]找[잔]他錯[춰]縫[뻥]子做甚麽？

三課

生繩省剩[셩]

他天生的是個蠢笨人。你要他做出伶[링]俐[리]事來，如[수]何行呢？

我定[띵]了後天七點鍾起身[쓴]。你把舖[푸]盖[기]和[히]行李趕[싼]緊的拿繩[셩]子都綑[쓴]好了。

年輕的時候，由[익]性[셩]兒花錢不知道儉省，赶到上了年紀[지]就要受苦了。

你在外頭做了十幾年的買賣, 剩[썽]下多少銀子回來呀[야]?

【9b】

光○廣逛[광]

這個墻[창]裱[뱌]糊[후]的不光滑[화], 是找[잔]那個裱糊匠[쟝]來裱糊的。

張福, 你到廣信鍾表舖去, 把收[쒀]拾[싀][的]那架鍾[괘]取回來。

春暖花開的時候, 出城逛〻景[징]去很有樂[러]趣[취]兒。

趴趴○怕[파]

你把那個狗哄開, 別叫他在當道兒上趴着。

看他跌[뗴]了大觔[끈]斗[뚜], 跌的不輕, 把腿跌破了, 扒也扒不起來。

旣[지]做這件事, 就不怕人知道, 所以俗語兒說的"要叫人不知, 除非己[지]莫爲"。

【10a】

"前怕狼, 後怕虎", 是進退兩難的意思。

哎[이]呀, 肚[쑤]子疼的利害, 在炕上趴一會兒就好了。

五課

○痕狠恨[흔]

人做了虧[쒸]心[씬]事, 臉上自[쯔]然露[루]出痕跡[즤]來了。

當初[추]我和他狠相好來着。如今他做了官, 狂[광]傲[앞]的了[랖]不得, 竟爬[쌔]結[졔]有錢的人, 看不起沒錢的人。故此, 絶[쥐]了交了。俗語兒說得好, "窮[츙]在市[쓰]街無人問, 富在深山有遠親。"

素[쑤]日無仇[쳑]無恨, 你要害他做甚麽?

【10b】

不要在外頭胡游亂跑，躭悞你的工課了。

醫益倚益[이]

施[싀]醫院[완]是公捐[좐]設[셔]立[리]的。

不作無益的事，躭[단]悟[우]了正經事。

狐[후]假[쟈]虎威就是倚勢[씌]淩[릉/링]人的話。

你學了這些日子的漢話，有点兒進益沒有?

勸[촨]人雙[솽]有益，挑[톼]唆[쒀]兩無功[궁]。

六課

傭容永用[융]

傭工[궁]的人不能由[익]着自己的性兒，總得聽人家的使喚纔行哪。

他年紀還小哪，雖[쉬]然有點兒錯處，還可以容讓[랑]他。何必同他一般[반]見識[씌]啊?

唉[이]，你怎麽這麽笨哪。不但[단]口【11a】音不好，連[롄]四聲也分不清楚[추]。我給你駁[쌔]正了好幾回，你永遠改正不過來，叫我有甚麽法[빠]子呢。實在太不用心，你若[로]還是這個樣兒，不必濫[란]竽[위]充[츙]數兒了。

汪王往往[왕]

今年雨水大的狠，莊[좡]稼[쟈]都[뚜]潦[랖]了，抵[듸]窪[와]的地方[빵]成[쳥]了一片[폔]汪洋大海了。

王爺就是皇上同氣連枝[쯔]的本家，逢有廟[먀]會的日子，街上男[난]男女[뉘]女來往不斷的。
你往那兒去？
我【11b】要出門拜客[커]去。

八課

沏騎起砌[치]

來，把開水燙[탕]開了，趕[싼]緊沏一壺茶來。
昨天在道上遇[위]見我的朋[펑]友[우]騎着一匹狠快的馬，我就到一個舖[푸]子裏躲避了一會兒，免得他下馬周[주]旋[쏸]了。
你睡到甚麽時候了，還不起來上學[쉐]麽？府上的房子蓋完了沒有？
沒蓋完哪。已經【12a】豎[쑤]柱[주]上了樑[량]牆[창]，還沒砌完呢。

踢提體替[티]

那天我在街上看見一羣打架的，有好幾個人底[듸]下打了一個人，用脚踢，上頭用拳[촨]打，不大的工夫兒就把那個人打死了。
你不必對[뒤]牛[뉘]彈[탄]琴[친]了。你常常苦口良[량]言[옌]，勸[촨]他也是枉[왕]然。他聽着不入耳，你說你的，他幹他的。依我【12b】看，由他去罷，就應[잉]了俗語兒那兩句[쥐]話，馬尾[이]兒穿[촨]豆[쭈]腐[쭈]一提不起來了。
你太不要體面了！瞧[쟌]你這件褂子，渾[훈]身上下都是泥[니]，多一半兒又喝醉[죄]了，躺[탕]在街上了罷？
來，宅裏的事情一天也離不開人，你不知道麽？你若[뤄]是再告假，淂找[잔]替工兒的替你纔行哪。

【13a】

九課

顚○點店[뎬]

您做事怎麽顚三倒四的? 難道說[1]老糊[후]塗[투]了麽?
閣下, 近來的差使很忙[망]麽?
倒不忙[망], 我天天兒上衙門去, 沒有甚麽公事。不過點卯[맢]而[얼]已。
出外的人行路別貪[탄]多, 總是帶[찌]着太陽住店。第[띄]二天太陽出來再起身, 免得遇[위]見强[창]盜[쌒]受[쐭]些驚[징]恐[쿵]啊。

【13b】

十課

挑條挑跳[턒]

這個東西都有毛病, 叫我挑了半天, 連一個也沒挑出來。
無論辦[싼]甚麽事, 有條有理兒的辦[싼], 決不能有錯的。
你的嘴[쬐]太快了, 挑出是非來, 也饒[랖][2]不了[럎]你。
巫[우]婆子跳神不過哄騙[편]人家的幾個錢。若是信服他, 難免要上襠了。

---

1) 難道說 莫不是 同意思
2) 饒 랴랴랖

貓毛卯冒[맏]

猫拿秏[한]子是他的責[예]任[싄], 若【14a】是狗拿秏[한]子, 就是多管閑事了。所以俗語兒說的,“各掃門前雪[싊], 別管草上霜[쐉]。”

聽說您令親的法繪[휘]狠好。

我打算, 請您代[띠]爲懇[큰]求畫一把團[톤]扇。

可不知道他筆下最[쬐]得意的是山水人物啊, 還是花卉[회]翎[링]毛啊?

他最[쬐]得意的不過就是翎[링]毛。

那麽閣下費心了。過一天【14b】我打發人, 把團[톤]扇送[숭]到府上去就得了。

大人明日上任[싄]定了甚麽時刻?

定[듸]了是卯時接[예]印。

那麽, 我吩[뿐]咐[부]書吏[리]、皀[쫘]役[이]人等至[쯔]卯時一齊謁[예]見你, 是甚麽冒失鬼冷[링]孤[구]丁[딍]的硬[잉]闖進來了。爲甚麽不呌看門的先通知一聲再進來?

十一課

掀賢險現[쏀]

你一點兒眼力見兒都沒【15a】有。他端着一盤子傢伙[훠], 還不給他, 掀起簾[렌]子來, 好讓他進來啊。

兄弟

睦[무]家之[씌]肥[쀄]子孫賢族[쭈]將大。

險惡的人萬做不出熱心腸[창]的事來。

小舖本小, 利微[웨]的買賣, 無論那一位, 都是現錢交易, 一概不賒[셔]。

十二課

因淫陰蔭[인]

凡人做事, 總要三思而後行, 免勞後悔[회]。若有實在爲難【15b】的大事, 自己拿不準[쥰]主意, 必須[쉬]找一個見識多, 閱[워]歷[리]廣的人, 商[썅]酎[죄]ːː, 再辦, 不至於舛[촨]錯。所以我有一個朋友, 辦事荒[황]ː唐[탕]ː的, 任性妄[왕]爲, 常受外人的羞辱[루]。因爲這上頭, 連他的親友, 都不知他來往了。

萬惡淫爲首, 百行孝爲先。

您的令親現在不做官了麽?

【16a】

可不是麽。他近來上了年紀, 精[징]神衰[쇠]敗[쎄], 一步[부]履[뉘]維[외]艱[젠]。所以上了摺[저]子一告病還[환]家, 隱居不仕[쓰]了今蒙。

皇上加[쟈]恩[은], 准其[치]原品[핀]休[식]秩[3][즤]。

聽說, 此次殿[덴]試[씌], 老兄用了榜[방]下知縣[쏀], 恭喜ːː。

好說, 大家同喜啊。愧[퀴]才[쬐]䟽[쑤]學[쉐]淺[첸], 不過托着祖[주]宗[중]的福蔭儌[쟌]倖[싱]得着的。

---

3) 休秩 休職的同意
商量[량]斟[쪤]酌[줘], 商酎的同意, 의논ː이라

【16b】

十三課

匹脾劈譬[피]

那天有一個人騎着一匹牲口，在大街上來回來去的跑。我跕[잔]着看了半天，心理狠納悶[먼]，莫不是這個人有點兒症[쩡]候啊。不大的工夫兒，看熱鬧的人越[워]聚[쮜]越[워]多，都在那兒議論紛ㆍ，也有說那牲口皮[피]毛長[장]的不好，也有講那牲口跑的不大穩[원]。後來我一打聽那個騎【17a】牲口的人是個馬販[빤]子。他的脾氣天生的乖[괘]戾[리]，怎麽能改得柔[루]和[훠]? 所以俗語兒說得好，“山川[촨]容易改，秉[빙]性最[쬐]難移。”

你去買一牛馱子劈柴來，價錢不要太貴了。

你不知道現在價錢不算貴，等到了冬[쭝]景[징]天的時候，劈柴[쎄]鎖[쏘]的多，價錢可就貴的了[랴]不得了。

這【17b】件事譬如這麽辦不好，我再想個別的法子辦。若是辦不好，總不肯[큰]歇[쎄]手，到了[랴]兒[4]也要辦好了，所以“有志者，事竟成”，那句俗語兒眞[진]不錯的。

十六課

鬱魚語玉[위]

---

4) 到了兒 웃지든지 橫豎同道花
鎖쏘 팔니는 것
馱子 실은 劈柴
長斫柴火 입나무

你這個病是個[5]氣結胸[쓩], 從鬱悶而淂, 何必生了這麽大的氣? 但凡可以含糊[6]的過去, 就可以含[한]糊裝[좡]看不【18a】見算了[7]。宗〻樣〻兒都要淘神, 那還來得及[지]麽?[8] 我勸你不必吃藥, 安心調[턔ㅗ]養[양], 慢[만]慢[만][9]就好了。幾或[훠][10]要吃藥, 可以吃一付[뿌][11]開胸[쓩]順[슌]氣丸[완]藥就行了。

中國的酒席[시]裡頭最貴重的, 就是燕[옌]窩[워]和那魚翅[쯔]。

你們倆人太厭[옌]煩了, 儘[진]自這麽絆[싼]嘴[12], 還能絆出甚麽來麽? 我勸你們【18b】有一個不言語, 就可以隔[제]過[13]去了。你少說一句, 也吃不了虧[14][퀴]; 他多說一句, 也佔[잔][15]不了便[폔]宜[이]。但凡有一個有涵[한]養[16]的泱絆不起來。所以俗語兒說的, "一個巴掌[17][장]拍[픠]不響。" 古語兒說的, "玉不琢[쮜]不成器[치]", 所以人不學[쉐/쑈]不知義[이]。

---

5) 是個 당초로 동

6) 含糊 모호로 동

7) 算了 고만

8) 顧不得那麽些個 여러 가지 도라볼 수 업다

9) 慢〻 쳔쳐니

10) 或 火[훠]音同

11) 一付藥麵子 一劑湯藥

12) 辨嘴 文話 討人嫌[탄신쏀] 厭煩 苦意

13) 隔쌔□제

14) 吃虧 害被

15) 佔 取同意

16) 涵養 너그럽다

17) 巴掌 손바닥

十七課

究〇久舊

這件案[안]情，關係[시]重大。若不【19a】澈[쳐]底根究，查不出水落[롸]石[싀]出來，況[쾅]又是人命干[싼]連，非同小可。做地方官的豈能草草了事辦結了。

人心隔肚皮，知人知面不知心，慢〻日久天長，沒有品不出來的。所以古人交友之道，交的是心，並非交的是人。

那位老人家，眞是個慈[ᄋ츠]善人。無論遠近親戚[치]，故【19b】舊裏頭有寒苦的，就幫[빵]他粮食，幫他錢。到了冬天的時候，城外頭還要設煖廠[창]，設粥[18]廠，撫[부]恤[쉬]難民[19]。若像[상]他這麼樣的做好事，不但給他的子孫留了餘[위]地步，連他的來世[스]之福，也可以修來了。

十八課

偷投〇透[투]

昨天夜裡，我們那兒隔壁[비]兒的街坊[20][빵]鬧賊[21]來着。他們家裡的人睡覺睡的太死樣，賊【20a】把房門撬[챵]開了，把他們的銀錢、首飾[싀]都偸了去。他們全不知道，赶到他家裡的人驚[징]醒起來，那賊跑的連影[잉]兒也看不見了。後來告訴[슈]巡[쉰]夜的官兵追[쬐]那賊去，大約[위]也是

18) 粥 文話 주 俗話주

19) 遭難百姓 ᄂᆞᆯ니 만난 ᄇᆡᆨ셩을 難民

20) 街坊 동네

21) 拏人家東西，不叫人知道就是偸當着，人家硬拏東西就是搶搶者-强盜

枉然。
這個人可憐得狠, 他到這兒投奔, 他的親戚今年春天走了,[22] 不在這兒了。現在舉目無【20b】親, 連個存[쭌]身的地方也都沒有。自好大家想個法子, 給他湊[쩨]點兒盤[판]纏[찬], 叫他回家, 免得流落他鄉啊。
這屋子本來就小, 連個透氣兒的地方都沒有, 叫人在屋裡怎麽坐呢? 實在悶得狠, 快把門開開一點兒縫兒罷。

十九課

修○□袖[싞]

前世修福造孽[네], 今生便[볜]知【21a】端詳。所以積[즤]善之家, 必有餘慶[칭], 積不善之家, 必有餘殃。
那所[23]老房子木[무]料[햔]已經朽爛[24][란]不堪[칸]了。若打算翻[반]盖, 總得換新木料, 纔能結實哪。不然還用舊木料, 含含糊糊的蓋上, 恐怕站不住多小年了。
兩袖清風, 就是手裡沒錢的比語。

穿傳喘串[촨]

穿衣吃飯得[데]量[량]家當, 沒錢【21b】不能辦有錢的事。若有錢, 自然是吃好的, 穿好的。若沒錢, 就是守[셕]貧[핀]安分最好。俗語兒說的, "窮的

22) 來了沒想到他的親戚
23) 那所兒 저 곳
24) 朽爛 썩어셔 문적 : : ᄂ가는 거

伴富的的沒褲[쿠]子[25]了。"

人且[예]不可聽傳言, 耳聽是虛[쉬], 眼見是實。若傳說是非者, 他便是個是非人。你走了五六里的光景, 就這麽喘吁[쉬]吁[쉬][26]的, 接[예]不上氣來了, 赶到上了年【22a】紀, 該當怎麽樣哪。總是年輕時候兒, 不知自愛的緣[웬]故[27], 纔到了這步田地[28]了。

他太不務正業了, 整天家遊[우]手好閒[쏀], 吃喝嫖[퍄]賭[두][29], 無所不爲, 還串通光棍[군]們, 在外頭訛[어]詐, 等到了[30]吃虧[31]的日子, 後悔也來不及了。

二十課

拘局攣聚[쮜]

今兒天氣冷得狠, 我在屋裡, 手指頭[32]都凍[둥]得拘攣[롄][33]了。

【22b】
快把火爐[루]子弄[룽][34]旺[왕]旺的, 就暖和了。

---

25) 褲子[쿠쯔] 바지
26) 喘吁[촨쉬] 헐더거리느냐
27) 緣故
28) 田地 지경
29) 嫖爲色賭 잡기
30) 等到了 그쎄 일러셔
31) 吃虧 고싱ᄒᆞ는 날
32) 手指頭 손가락
33) 拘攣 오그러든 거
34) 弄 ᄒᆞ는 거

讀[두]書的人一動一靜[징], 總要局面, 不可輕跳, 也不可同匪類[리]人常往來。
閣下, 此次[35]辦理河工事務, 必要得[더]保[뱦]擧的俟[쓰]工程[쳥]告竣[쥰], 再喝喜酒罷。
好說好說。噯, 時運[윈]不佳[쟈], 此次工程正赶上[36]險[쎈]隘[예]的那一段[단], 不敢求有功, 但求無過而【23a】已。
咱們定規[귀]是後天在豐[벙]堂聚會。我恐怕不能赴[부]席, 諸[주]位到齊了, 您替我說, 請他們原諒罷。

二十二課

敲瞧巧俏[쟌]

你怎麼這麼偷懶[란]兒? 屋子裡的塵[츤]土[투]有多麼厚, 你還看不見麼? 天天總要打掃乾乾淨淨的, 快把桌子椅子擦[차]一擦[37], 地毯탄挈出去敲打敲打。倘탕或[38]有客人來, 瞧【23b】見屋子這麼臟[장], 띠人家笑[쌴]話啊。
這幾天公事忙得狠, 一連氣熬[앞]了兩夜[39]渾身軟롼弱뤄[40], 連點兒勁兒也沒有。昨天晚上, 我本要早睡來着, 好歇[세]歇乏[바][41]兒, 恰[차]巧我的

35) 此次 이번
36) 赶上 흠읙ᄒᆞᆫ 거 맛낫다
37) 擦一擦 씨셔 ᄇᆞ려라
38) 倘或 幾或 同意
39) 熬[앞]夜 熬了 밤 식는 거
40) 軟弱 연약ᄒᆞᆫ 거
41) 乏[빠] 곤ᄒᆞᆫ 거

親戚又來了，儘自[42]坐着不走[주]，我怎麽能撂[랴]下去[43]睡呢。
那個人仗[장]着嘴能說俏皮[44]話兒，刻薄話兒，行【24a】了到了正經事情上，連一句整話也說不出來。

二十三課

淹嚴眼驗[옌]

前年下大雨的時候，西山那兒發了山水，護[후]城河都漲[장]滿[만]了，淹[45]死好幾個人。我出城去閑逛[광]，正遇着地方官帶領着衙役[이]忤[우]作在那兒驗屍[쓰][46]，說是："看看怎麽死的，是淹死的，還是人家害死的?" 後來那些屍首有屍【24b】親來認，可以叫他領回埋[믜]葬[장]；沒有屍[쓰]親來認，地方官就施捨[셔]棺[관]材[예]，把他埋葬了。
後天是我家嚴[47]正壽[쭈]，今兒特[터]意來請閣下，是日早早光降[장]，並舍[셔]下賬[장]房[48]裡的事情，必得請您總管。連您這兒的管家，也要借去幫〻忙兒[49]，可不知道那天您有工夫沒有。
咱們這樣【25a】兒的交情，不論工夫那一層[썽]，那是應當效[쌰]勞的。我後天一清早[50]過去，給尊大人拜壽[쭈]就是了。

---

42) 儘自 진드거니
43) 撂下去 닉버리ᄂᆞᆫ 거 折變 졀가ᄒᆞ여 판다
44) 俏皮 묘ᄒᆞᆫ 거
45) 淹 물에 밀여 죽은 거
46) 忤作驗屍人 [우줘옌씨싄]
47) 家嚴 父親
48) 賬房 文書房
49) 幫幫忙兒 밧분 거슬 도아주어
50) 一清早 일지거니

前兒我們出城, 甚麽是逛, 竟是受了罪[쬐]咯[러]。沒動身的時候, 天朗[낭]氣請,一點兒雲彩也沒有, 赶出了城, 走了有好幾里地, 眼看着要到了我們坐落的地方, 忽[후]然從西北【25b】上長[51)]了一片黑雲。不大的工夫兒, 下[52)]起大雨來了。正赶上[53)]走了前不着[잔]村, 後不着[잔]店, 連個避雨的地方兒也沒有。我們幾個人渾身上下叫雨淋[린]的[54)]精濕[55)]冰[빙]凉[56)], 也顧[꾸]不得逛去。跑的跑, 顚的顚, 就冒着雨回來了。這眞是乘[청]興而往, 掃興而回。

無論辦甚麽貨物, 出【26a】口進口時, 總要報[뱦]稅, 最妥[퉈]當。若是漏[뤼]稅[쉬], 叫驗貨官搜[쑤][57)]出來, 當私貨抓[좌]了[58)]去, 不但入官, 還得受罰[빠]哪。

二十四課

擗白擺敗[쎄]

你也太過於死心眼兒[59)]咯。我甚麽樣兒細話, 都擗開揉碎[쉐][60)]的講說給

---

51) 長[창]則 잘 안다면 長[장]

52) 不大的工夫兒 을마 아니 되여셔

53) 赶上 공교이

54) 淋的 비 마져셔

55) 精濕 촉ᄒᆞ이

56) 冰凉 산득ᄒᆞ이라

57) 搜[쑤]來 차자내는 거

58) 抓了 집어가는 거

59) 死心眼兒 속이 쎅ᄒᆞ다 活心眼兒 속이 좃타

60) 揉碎 븨벼 부스러드려

你聽。你算是心裡繞[랖]了[61]死扣兒，再也解不開來。我勸你不過是爲你好，於我甚麼相干？一【26b】來，偺們相好；二來，這件事偏[편]巧又讓我[62]撞[좡]上來[63]咯。我豈能袖手旁[팡]觀？瞧你的哈哈笑，事到如今，聽也罷，不聽也罷，等到[口+並]釘[띙]子上，後悔也晚了。

聽說您有一位令友[64]，不知道爲甚麼叫人家控[쿵]告[65]了？

噯，你不要提他了，越想越有氣。我前幾天千萬的好話，都勸到了[66]，那是白【27a】說。像他那樣兒的死心眼兒的人，天底下少有。他那個人的脾氣，不到黃河不死心。現在他鬧到這個樣兒，叫我有甚麼法子呢。

你告訴廚[츄]子說，來的客人現在快到齊了，赶緊[67]把小傢伙[68]和那四乾菓碟，四鮮[셴]菓[궈]，四冷葷[훈][69]碟，先擺上罷。等客人座之後，再上[70]大海【27b】碗和那幾樣點心，末[머]末了兒[71]再上大碗。吃甚麼樣兒的飯，再聽着客人隨便兒吩咐就是了。

那個人是個敗家子兒啊。整天家耍[쏴][72]排[픠]子[73]，擺架子，和那浪[랑]蕩[당]公子似[쓰]的。若不知道他的底細，好像多麼大的財[쯰]主，有知道

---

61) 饒了 미듭을 둘지 못ᄒᆞ여

62) 又讓我 나헌틔

63) 撞上來 들켠 거

64) 令友 남의 친구

65) 控告 上司의 정ᄒᆞ허는 거
   搶白 핀잔 먹엇다

66) 勸到了 긍진지 권ᄒᆞ 거

67) 赶緊 급히

68) 傢伙 그릇

69) 冷葷 서늘헌 치

70) 再上小碗兒然後

71) 末末了兒 뮛나즁번

72) 耍 鬧소

73) 耍排子 擺架子 긔구 잇는 거

他底細的沒人看得[더]起他。況且他的老家兒去【28a】世，纔隔了有幾天，十成的產業已經折變七成了，還有那三成兒，能够[꾸][74]樂[러]幾天哪。若是安分守己[지]過日子，像那些家當產業，足[쭈]够一兩輩베[75]的過活。所以俗語兒說的，"創창業容易，守業難"。

二十六課

應營影應[잉]

你太對不住[76]人了。這件事旣應承給我辦，就得盡[진]心竭[제]力[리]的辦成，纔能歇手哪。【28b】現在你辦這麽些日子，無頭無尾[위]的做個半塗[투]而廢不管了。你和我這麽行，却不要緊。若是外人恐怕行不下去罷[77]。你且記我的話，以後無論做甚麽事，總得全始[스]全終纔行哪。
那個下賤營生[78]，不是咱們這路人[79]幹的。你也不想想你的家裡是何等門第，況且【29a】當年你們老人家在世的時候，狠指望你成人，後來耀[랗]祖光宗，昌大門庭[띵]。萬想不到你成了這宗樣子，竟往下流裡頭走。若是再不改，那不是給你家裡丟[듹]人[80]麽？俗語兒說得好，"人往高處走，水往低[듸]處流"。
他上那兒去了？爲甚麽不告訴我就走了呢？你快把他【29b】追回來，我

74) 能够 넉ː ᄒᆞ다

75) 輩 代同

76) 對不住 남의게 실신ᄒᆞᆫ다
靠不住 밋지 안는ᄃᆞ

77) 行不下去罷 그러케 힝하여셔는 아니되싸ᄇᆞ라

78) 營生 ᄒᆞ는 일

79) 這路人 이런人

80) 丟人 버린 人이다

還[81]有話和他說哪。

噯，他走了半天咯，連他的影兒也看不見。現在再追他去，如何追得上呢。若是有話說，等他晚晌回來再說罷。

凡人之初生，心田本來是善的。後來長大了，有善惡之分，就有爲善的，就有做惡的。無論爲善也罷，作惡也罷，將來【30a】一定有報應，所以古人說的不錯。“善有善報，惡有惡報。若有不報，時辰[천]沒到。”

二十七課

機急己記[지]

人生在世，最要緊的是學[쏘]本領[82]。有才能，終身不能受飢寒之苦。雖然是這麽說，可也得論時運好歹，機會有無，纔能得着好事呢。時運平常[83]，就是遇着好機會，謀[뭐/뫄]不到手，那也多得狠哪。【30b】這幾句話，不過勸人努[루]力向上，不可不學的意思。所以古人云，“人不學不如物，幼[역]不學，老何爲。”眞〻不錯的。

依我看，不要這麽着[잔]急咯。謀事在人，成事在天。若沒有時來運轉[좐]，急到甚麽分兒[84]上，也是枉然。況且賦[뿌]閑[85]這麽些日子，家裡有現成飯吃，決不至於有【31a】凍餒[네]之憂，還急甚麽呢。我勸你心裏想開了罷。聽天由命，就是咯。

---

81) 還 还 半字 你離着這麽近，还看不見麽？我一点兒看不見。

82) 本領 지죠

83) 平常 죳치 안타

84) 甚麽分兒 무ᄉᆞᆫ 분슈

85) 賦閑 편허게 지ᄂᆡ는 거

人心都是一樣的，總得以已之心，度[뒤]人之心，纔行哪。比方[86]，這件事人家施[쓰]之於我，我不願意。我要施之於人，人家也是不願意。所以古人說的不錯，“已所不欲[위]，勿[우]施於人。”

你學的漢話有了【31b】日子咯，都可以記在心裏罷。你可以說幾句給我聽聽。

噯，記可是記得，想要簡簡決決的說，還早呢。眼面前兒的零碎話，不過勉[몐]强[87]說出來。若是一連四五句話，恐怕接[졔]不上罷。

啊，倚你這麼說，得學幾年纔會哪？可惜[시]狠聰明的人，總是不肯用心的緣故。

【32a】

二十九課

張○掌長[장]

你這個人太不妥靠[88]，總是慌慌張張的，一點兒不穩重。就是有事情，誰也不敢經你手裡辦。若是經你手，眞呌人家提心吊[댶]膽[단][89]，不能放心。恐怕好事也呌你給辦壞[홰]了。凡人無論年紀大小，總要老成，纔能呌人佩[픠]服[90]哪。

---

86) 比方 가량

87) 勉强 억지로

88) 妥靠 밋는 거

89) 吊膽 겁니는 거

90) 佩服 밋는다

來, 你告訴馬夫說, 把牲口餧[외]完[91]了, 刷[쏴]的乾【32b】乾淨淨的, 就把鞍[안]子備[삐]好了, 獃[디]一會兒[92], 我要騎着出城去。
若是出城上遠道兒, 馬的前掌兒已經掉[댶]下[93]一半兒來咯, 還得換掌纔行哪。那麽趕緊拉了去, 釘[94]新掌, 快回來。
該□容易還[환]賬[95]難。我有一個朋友, 他的進項[샹][96]足够過日子的, 一年到頭, 總是東拉西扯【33a】, 不是該這個的, 就是該那個的。永遠背[쎄]着一身的賬, 也不知道他那個錢怎麽花的。無論過大小日子, 總得量入爲出纔是道理呀。

【33b】

正音

斤[진] 肉[쉭] 麥[믜] 黍[쓔] 米[미] 牙[야] 羊[양] 亞[야] 細[시] 集[지] 寸[쭌] 樓[루] 陋[루] 摟[루] 軟[롼] 和[화] 煖[롼] 抄[찬] 典[뎬] 念[롄] 塊[쾌] 懂[둥] 寫[찬]
躺著 드러눕다 坐著 안젓다 起來 이러난다 站著 이러섯다 走著 간다 步行兒거러간다 快走 어른 간다 慢走 더듸 간다 回來 조곰 이다가 等一會兒 한동안 暫[짠]且 잠간 請教 其他教字四聖上平
回頭 回來 一樣的話

---

91) 餧完 말를 다 먹임
92) 獃一會兒 조곰 잇다가
93) 掉下[댶쌰] 써러졋다
94) 釘 박는다
95) 該賬 빗지는 거
96) 進項 그 ᄉᆞ름의게 ᄂᆞ는 돈

等一會兒 歇一會兒 一様話
抄潮吵鈔[챠]
些邪寫謝[셰]
一轉眼的工夫 눈 쌈작홀 씨
狠快的意思, 與瞬[쓘]息[시]同
俗寫 正寫 減筆寫
正寫是怎麽寫法? 俗寫是這麽寫, 正寫是這麽寫。

【34a】
倒貼着畵兒, 還罵畵匠, 你沒有点兒禮行。
教學 先生用
找字 글ᄌᆞ 찻는다
記得 이져ᄇᆞ렷다
騎著 탄다
跑著 다라ᄂᆞ다
那兒 읏지
認得 아느냐
做不了 질 슈 업다

【37b】[97)]
今兒是考的日子了, 所以學部衙門大官以下都光臨。再者, 本校總教師、副教官和學生們, 都是整整齊齊的行了考禮。我預定怕是比較之後, 出放的時候, 公道極了。

97) [34b]~[37a]는 필사자의 낙서로 보여 원문 입력에서 제외하였다.

【38a】

您貴姓?

賤姓吳。

請教台甫。

草字資靜。

沒領教。

賤姓張。

您貴處是那兒?

敝處是天津。

沒領教。

我也是直隸人。

阿, 原來是同鄉。

日 太陽 月 月亮 風 颳風 雲 雲彩 雷 打雷 雨 下雨 電 打閃

我的 您的 你的 他的 我們的 你們的 他們的 偺們的 我們倆 你們倆 他們倆 偺們倆

一二三四五六七八九十百千萬億兆

一張紙

兩管筆

【38b】

三塊墨

四本書

五方硯台

六個墨

盒兒

七把椅子

八張桌子

九架鍾表

十部書

這個好。

那個不好。

這個狠好。

那個狠不好。

買東西。

賣東西。

今年

明年

後年

今兒

今天

明兒

明天

後兒

後天

前兒

前天

昨兒

昨天

你的馬

我的車

他的騾子

來了多少人?

來了好些個人。

天氣熱。

天氣冷。

天氣暖和。

天氣凉。

天陰了。

天晴了。

茶壺

茶【39a】碗

茶盅

蓋碗

酒壺

酒盃

酒盞

酒盅子

飯鍋

鍋蓋兒

盤子

碟子

筷子

匙子

早晨

晌午

晚晌

前半天

後半天

白日

夜裏

整天家

終日

一夜

天濛濛亮

天亮了。

天快黑了。

天黑了。

俗語兒說的

人有臉。

樹有皮。

無論甚麼人，必得知道羞恥。

他是個忠厚人。

他是個刻薄人。

他是狠老實的人。

他是不安分的人。

他是要好的人。

他是個下流人。

山【39b】峯

山腰兒

山坡子

江河

湖海

大街

小港

活衚衕

死衚衕

山峯有高矮。

江海有深淺。

街道有寬窄。

衚衕有小大。

開門。

關門。

叫門。

叩門。

開開門。

關上門。

扠上門。

鎖上門。

把這扇窓戶放下來。

把那扇窓戶搘上去。

[氵+劫]茶來。

端上點心來。

開飯罷。

拿[火+鼠]燈來。

把炕收拾乾淨了。

掃地。

撢卓子。

屋子、院子都要打掃乾乾淨淨的。

打洗臉水來。

舀漱口水來。

【40a】

一課

請問, 尊駕到我這兒來做甚麼?

我是做買賣來的, 您辦[싼]了來的都是甚麼貨?

都是東洋的油漆[치]零[링]碎[쉬]貨。您貴國是日本國麽?

不錯, 是日本國。

我們的商[샹]民也有到貴國去的麽?

貴國的商民也有。

都是那一省的人多?

他多一半兒是打廣東福建去的。

二扒上課

他們的買賣大小呢?

怕沒有甚麽很大的罷。

爲甚麽呢? 沒有本錢麽?

他們是的, 本錢大概不很多。

沒甚麽錢, 往東洋去幹甚麽?

他們一多半兒是跟泰西各國的人去的。

泰西國的人帶他們去, 有甚麽益處兒呢?

是用他們管行, 作爲經于的。

他們和貴國的人, 對勁兒不對勁【40b】兒?

彼此怕都有點兒不相信罷。

七課 汪下問

問: 您納騎的不是我們這兒的馬麽?

答: 不錯, 是在貴處買的馬。

問: 這匹[피]馬是誰[쉬]替[틔]您買的?

答: 店裡的人替[틔]我挑[턒]的。

問: 他們和您要多少銀子?

答: 要了三十兩銀子。

問: 您給了, 沒給呢?

答: 我看着價錢太貴, 還沒給呢。

問: 您打算給他多少銀子?

答: 我定[찡]規[쒸]是二十二兩銀子。

問: 唉[이], 您不知道這匹馬從[츙]前是我的?

答: 啊, 你爲甚麽賣了? 不是因爲有毛[맢]病啊?

問: 一點兒毛病都沒有。我因爲衙[야]門的差[쪠]使, 現在不當, 所以就賣了。

十四課

玉堂[98]兄好啊!

久違ㆍㆍ。

您是多喒到的?

我是前【41a】天晚上到的。昨天本要到府上請安去, 因爲這盪[탕][99]零[링]

---

98) 玉堂[위탕] 別號셈이라

99) 這盪 此番同意

星[싱]貨物帶的太多, 査[차]點査點件數兒, 一天也沒騰[텅]出工夫兒來。故此, 還沒望看您去, 沒甚麽說的, 請您原諒罷咧[레][100]。
豈敢ㆍㆍ。偺們這些年的相好, 一點兒彼此不分。你這麽拘形[씽]迹[즤], 倒透[투]着踈[쑤]遠了。您這盪來是起旱路來的, 是走[쭈]水路來的?
我們從[충]先由北京[징]到天津, 那二百四十里[리]的旱路, 總是坐車的時候兒多。近來北京到天津, 修[식]了鐵[톄]路, 方便[볜]極[지]了。
我們從[충]北京永定門[101]外, 坐火車一直的到天津大沽[구]口, 上了日本輪[룬]船[촨]就來了。若赶上便[볜]船[촨], 有五天的工夫, 可以到這兒。

十五課 匹二下

你怎麽坐日本船呢? 我記得中國招商局的船, 不是也往這兒來麽?

【41b】
不錯, 從先招商局的船往這兒來。自從甲午[우]年中日交戰[잔]以來, 招商局的船沒來的。
那麽, 您這盪帶的貨物, 一定是發財[쌔]的生意?
好說好說, 借您吉[지]言罷。嗳, 您不知道, 如今的買賣難做的狠。路上脚用是大的進口稅[쉬]厘[리]是重的。發財, 那句話可不敢想。但願[원]剩[셩]出一路的脚用就得了。
那麽, 北京的茶葉, 和那滷[루]蝦[샤]八寶菜京冬菜, 這幾樣兒您沒帶点兒來麽?
嗳, 我要來的時候, 還想着帶來着。趕到了臨[린]起身的時候], 忽[충]ㆍ忙

100) 罷바咧러 쓴이라
101) 北京永定門 [베징융쩡먼] 崇禮門 [숭리먼] 모양이라

[망]ㆍ的，可就忘[왕]了。您若是想吃，這兒有來往北京的行庄[쾅]客人，可以托他們帶点兒來，沒甚麽費事的。
旣承[층]您這麽費心，謝謝。我要回去，偺們過一天見。
再坐，忙甚麽?
天不早了，得回去了。過一天再到府上請安謝步。

【42a】不敢當.
別送ㆍㆍ，留[릭]步ㆍㆍ。
來，你告訴他們安頓[쭌]些兒，不要這麽嚷[랑][102]ㆍ，一點兒規矩[쥐][103]都不懂，叫外人瞧着還成樣子麽? 况且有客人坐着，更[껑]應當規ㆍ矩規ㆍ的，免得人家談論我的家教不嚴哪。你還不知道偺們東邊[볜]兒住着。姓楊的那家麽? 一點兒家教都沒有，整天家唱呀，樂[러][104]啊的鬧呢。他的老家兒由着他們的性兒，赶到他的老家兒死了，把他的家當産業都折變[볜]淨了。現在飽[쌒]一頓，餓一頓]，各處兒打飯，圍[위]一點兒本領也沒有。所以俗語兒說的，"家有歌聲家必敗，家有書聲家必興"。
這是甚麽話呢? 論事情還沒有影[잉]兒哪。就稍[샆]微[외]遲[쯰]些兒[105]，【42b】也不要緊[106]。况正主兒，尙[쌍]且不着[잪]急[지]。你先這麽催[최/취]逼着，是個甚麽道理啊。不論甚麽事，總要詳細了又詳細，得了一准的主意，纔可以告訴人。你們也是太年輕，一點兒沒有閱歷的緣故。不管這

102) 嚷 셔드러
103) 拘下
104) 樂 질긴즉[러] 풍뉴즉[외]
105) 稍微遲些兒 조곰 더이여도
106) 不要緊 관기치 안타

件事情做得到做不到，撈[랖]摸[무]着就說[107]可以使得麽[108]？我的生性兒與[위]衆[즁]不同。若是事情沒得實底，硬壓着頭叫我辦，我不肯。若信我的[話]，叫他等兩天再說。若是不信，叫他另[링]求別人罷。所以古人云[윈]：“謹[진]言愼[쓴]行，那句話誠[청]不虛[쉬]也。”

昨兒上那兒去來着，回來的那麽晚哪？

瞧我的朋友去來着。他家在北城根兒住，離這兒狠遠，又搭着[109]【43a】留我吃便飯，故此回來遲些兒。

啊，我是要和您商量一件事情，打發人來請您好幾次。您的貴管家[110]說，一早兒出去了，沒有留下話，不知道是上那兒去了。我心裡想着，您所去的地方兒，不過是咱們這些常見的朋友們裏頭，無論早晚一定也到我家裏來。我那兒也沒能去，竟在家裏候着您，一直的候到掌燈[111]以後，也沒見您來呀。我可就納了半天悶兒，這是上那兒去了？

三十課

大丈夫做事膽子要大，而心要小。你太沒有經過事，怯[졔]極[지]了[112]。有話不用放在心裡，簡直和他明明兒的說開【43b】就完咯[113]。他也不過是個人罷咧，怕他做甚麽。無論是誰，也不能埋沒[머]這個埋字兒。依我看，總是拏理問住他，從頭至尾，一〻的把緣故說出來，分解開就結咯，他還

107) 撈摸着就說 막말ᄒᆞ는 거

108) 使得麽 되게느냐

109) 搭着 湊巧

110) 貴管家 남의 ᄒᆞ인

111) 掌燈 불 결 쎄

112) 怯極了 겁을 너무 넌다

113) 就完咯 고만

能够要了你的命不成? 況且別人都不怎麽樣, 當做耳傍風[114], 沒有這麽件事。你先動不動[115]兒就這麽害怕, 這樣兒那樣兒的防備着, 那還有個漢子[116]的味兒麽?

【44a】

考期[지]定於來月曜日而課目開列于左。

陰曆丁酉至月二十七日

書取

繙譯漢話

繙譯國文

証音

四聲

會話

寫字

一年後期都講課目記 七條

【44b】

平 他字則是下百字下有都是上聲

一百至九百

□是下平

万字下有□字

□是上聲了

---

114) 耳傍風 귀셜

115) 動不動 웃지든 공연이

116) 漢子 사나

□□□□□

【45a】

不不○不

顧不得

了不得

看不見

解不開

瞧不見麽

不要

不錯

不是

不但

不到

不必

行不下去

想不到

謀不到

[上平]

你們

我們

他們

我們倆個人

我們倆人

偺們三個人

[下平]
你們的
我們的
他們的
咱們的
[上平]
這麽大
那麽小
甚麽人
甚麽東西
[下平]
賣甚麽的?
有甚麽人來?
這個東西是甚麽人的?

【45b】
不不〇不
[上平]
接不上
謀不到
顧不得
解不開
分不出來
差不多
了不得
看不見麽

瞧不見麽

萬想不到

接不上

扒不起來

去不去

忙不忙

可不是麽

對不住人

[下平]

不願意

不要

不錯

不是

不過

不但

不論

不到

不必

想不到

不作

不怕

不斷

不大

我不去了

不報

中看不中吃的

不大離
[去聲]
不知道
不好
不行
不來
不管
不能
不可以
不肯
不穩重
不敢
不然
不當差使
不分
品不出來
不懂
不言
了不了
不學
不面
不光滑
不小
不成
不免
不忙

不說話

不妥靠

【46a】

不同

不一樣

不着急

不中用

【46b】

用心不用心在乎你們自己兒, 所以俗語兒說的, “師傅領進門, 修行在各人。” 眞﹆不錯的。揀的若是個﹆兒看他們的資格, 敎給他們, 那能敎得過來呢。凡人不能一樣, 就有聰明的, 就有笨的, 但是所有的功課都是一[點]兒了。

第三, 自己肯用心, 不多的日子, 自然學的有点兒頭緒了。無論學那國的話, 第一口音清楚; 第二說法分得明白。今兒放學之後, 咱們一塊兒回家好不好?

現在天氣短了, 我們漢語學堂改了時刻, 打十点鐘至三点鐘, 用的功夫很少。若是自己很用功, 晚上回家去, 也能溫習﹆﹆呀。

【47a】

還得了麽

那不是玩兒的啊 견디게ᄂᆞ냐

瞧你□□遛門去多麽半天, 也不管人家的事忙不忙, 叫我在這兒儘自等着。

這樣的袖子, 我需頂好的, 有沒有?

中等的□有，若需頂好的，可是沒有。

你把我那本書擱着那兒去了，叫我找了半天，也沒找着。

這把茶壺是空的是滿的？是空的了。

現在天氣早晚總凉些兒，就是晌午那陣兒□暖和点兒。

【47b】

一 初一 十一 二十一 你那兒坐着直發呆，心裡想甚麼哪？

一 一個 一樣 一塊兒 這個耳朶聽，那個耳朶□。

一 一兩天 一年 一羣賊 一斗糧食 一連氣 一個勁兒 一樣

不 了不得 可不是麼 就是不錯意思

不 不是 不錯 不要 才手傍[쨩] 지방변

不 不知道 對不住 失信[117)]

上半晌 오졍 치 못된 씨 下半晌 졔역 씨 雙人傍 즁인변 單人傍 쌴 인변

橫不是豎不是 가루세루 엉그쥬춤

橫三豎四 ᄎᆞ례 업시

不妥實 靠不住 對不住 失信

法 子 王 國

李梨荔栗 右□四字都是 리

117) 貴管家稱呼朋友的底下人。

[별지 앞면]

隔本 써 時用 졔
황망 悶得謊
왈칵 드러온다 闖進來
져긔 두엇다 那邊兒擱[써]着的
벙어리 啞吧
약가로 藥麪子
겨우 낫다 纔好了
알는다 害了
파리ᄒᆞ다 瘦了
웃지든 到了[랸]兒
상동 橫豎
살니는 거 鎖的
우림씨 上檔了
튼ᄒᆞ다 結實
당초 是個
모호ᄒᆞᆫ 거 含糊
쳰쳐니 慢ᄒᆞ
가로약ᄒᆞᆫ 봉 一付
탕약ᄒᆞᆫ 졔 一劑
휴직ᄒᆞᆫ 거 休秩
고만이라 算了
너모 번거ᄒᆞ 厭煩
거군다 討人嫌

히 입는 게라 吃虧
너그럽다 涵養
손바닥 巴掌
취ᄒᆞᆫ다 佔取同
다만 但凡
상소 摺[써]子
의논ᄒᆞ이다 商酌ᄒᆞᄒᆞ
ᄂᆞ니 만난 빅셩 遭難百姓
못 보ᄂᆞᆫ ᄃᆡ 집어가는 게 偸
보ᄂᆞᆫᄃᆡ 집어가는 게 搶
동니ᄅᆞᄂᆞᆫ 거 街坊
갑ᄒᆞᆫ 거 悶得狠
귀 먹엇다 耳聾
멧 보 가로약 幾包
입부지리 鋪盖
종의 비ᄒᆞ는 거 揉搓了
ᄉᆞ오는 거 鬪毆
말 잘ᄒᆞ는 거 狠會
권년 물부리 煙嘴
그릇 傢伙
입으로 닷퉈 絆嘴
못싱겻다 蠢笨
이번 這盪

영니ᄒᆞᆫ 거 伶俐

비듬 浮皮

구ᄅᆡᄂᆞ롯 髭賓角兒

바지 褲子

ᄒᆡ골 腦袋

져곳 那所

가르마 頭旋兒

져 집 那所兒

썩어 문즈러져 朽爛

살적 兩髭賓

목입 脖子

이마 天庭

목 뒤 脖頸子

의논ː이다 商酌ː ː

[별지 뒷면]

味道狠好 맛시 좃타

於心不安 불안

叫您如此費心, 實在於心不安

出恭

出大恭 ᄯᅩᆼ 눈다

撒溺 / 解手 오줌 눈다

好說好說。咱們倆相好, 不論甚麼事, 都是彼此商量, 那纔好。

영인

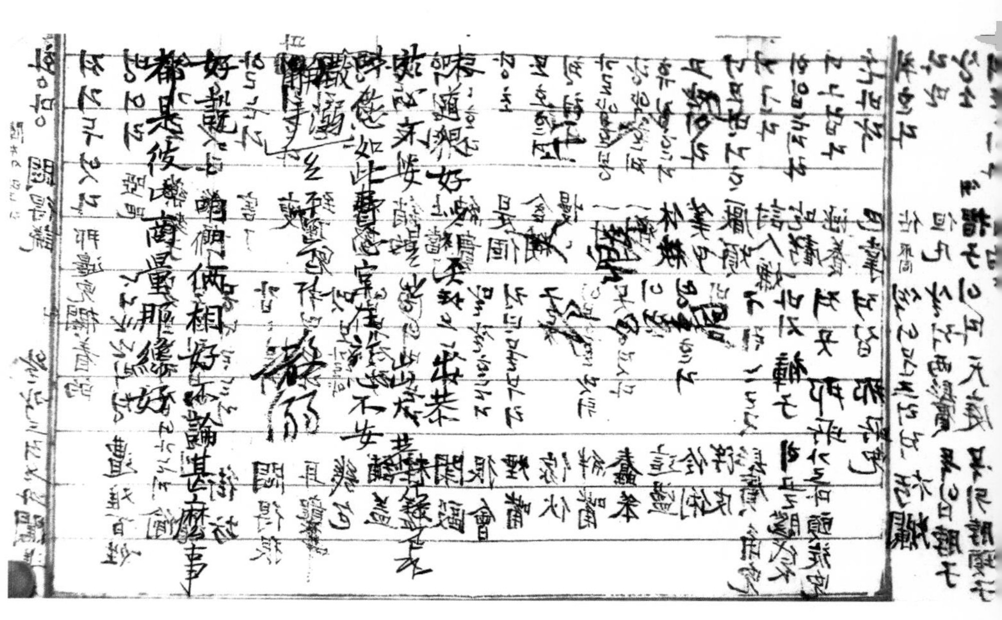

별지 뒷면

별지 앞면

47b

貴管家
稱呼朋友
的底下人

一初一十一二十一 你那兒坐着直發呆心裡想甚

這個耳朵聽
那個耳朵冒

一個一樣一塊兒 麽哪

一兩天一年一君子賊 一手粮食

一陣氣一樣
一個勁兒

不了不得 可不是麽 就是不錯意思

不不是 不錯 不要 扌手傍

不不知道 上半晌 下半晌 又人傍 單人傍

不安實 對不住一 法 李 梨 荔 栗

對不住
失信

右七四字都是

橫不是 豎不是 橫三豎四

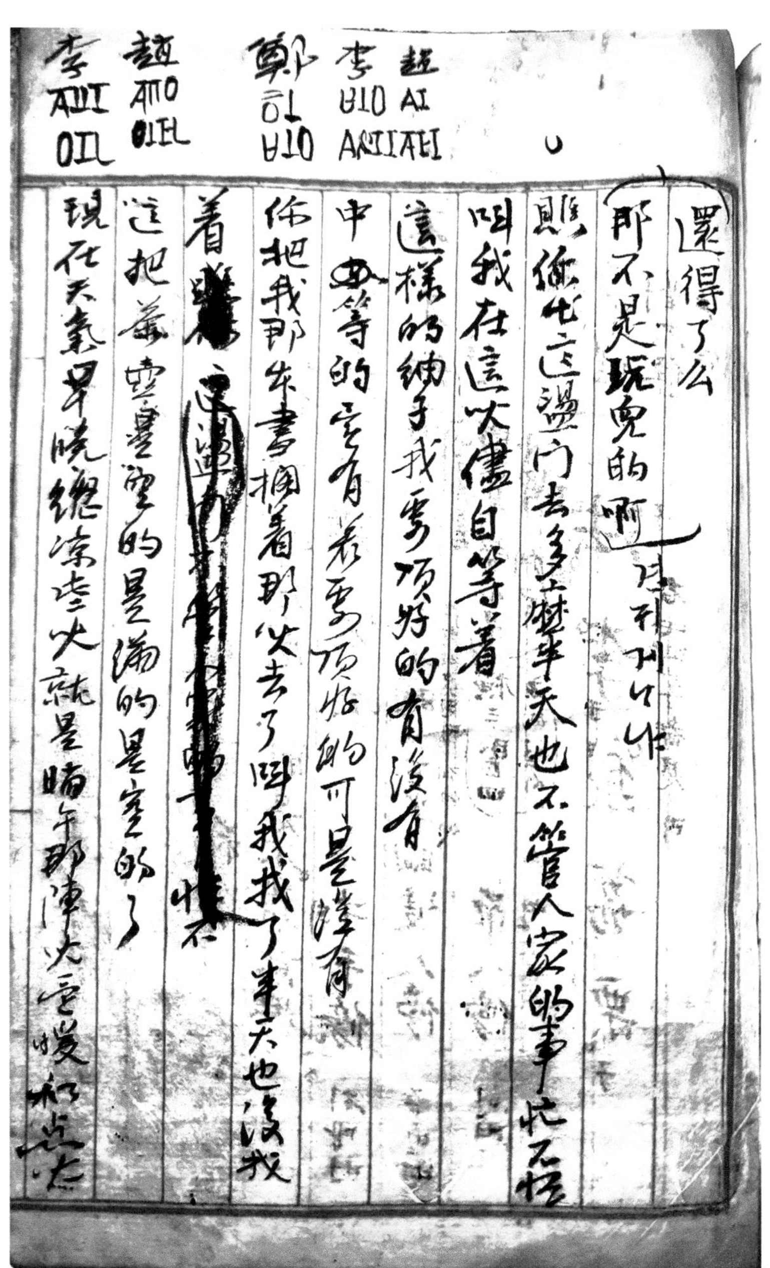

47a

46b

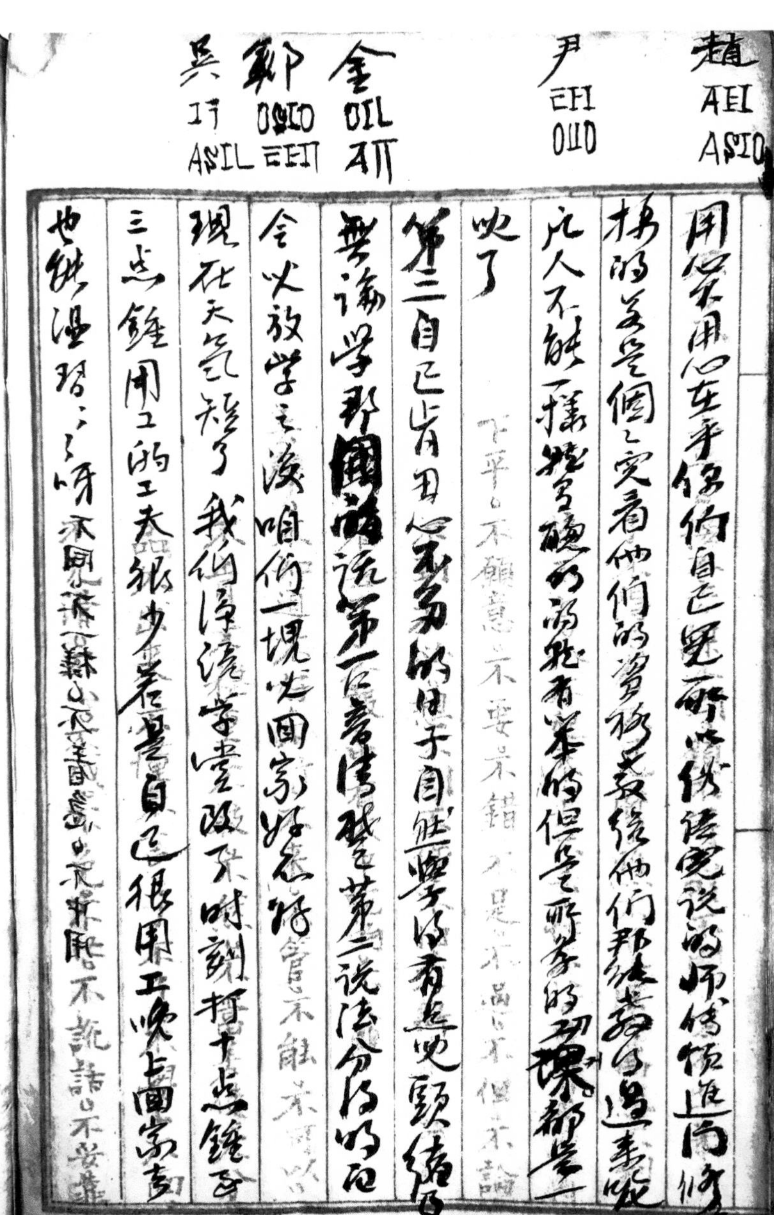

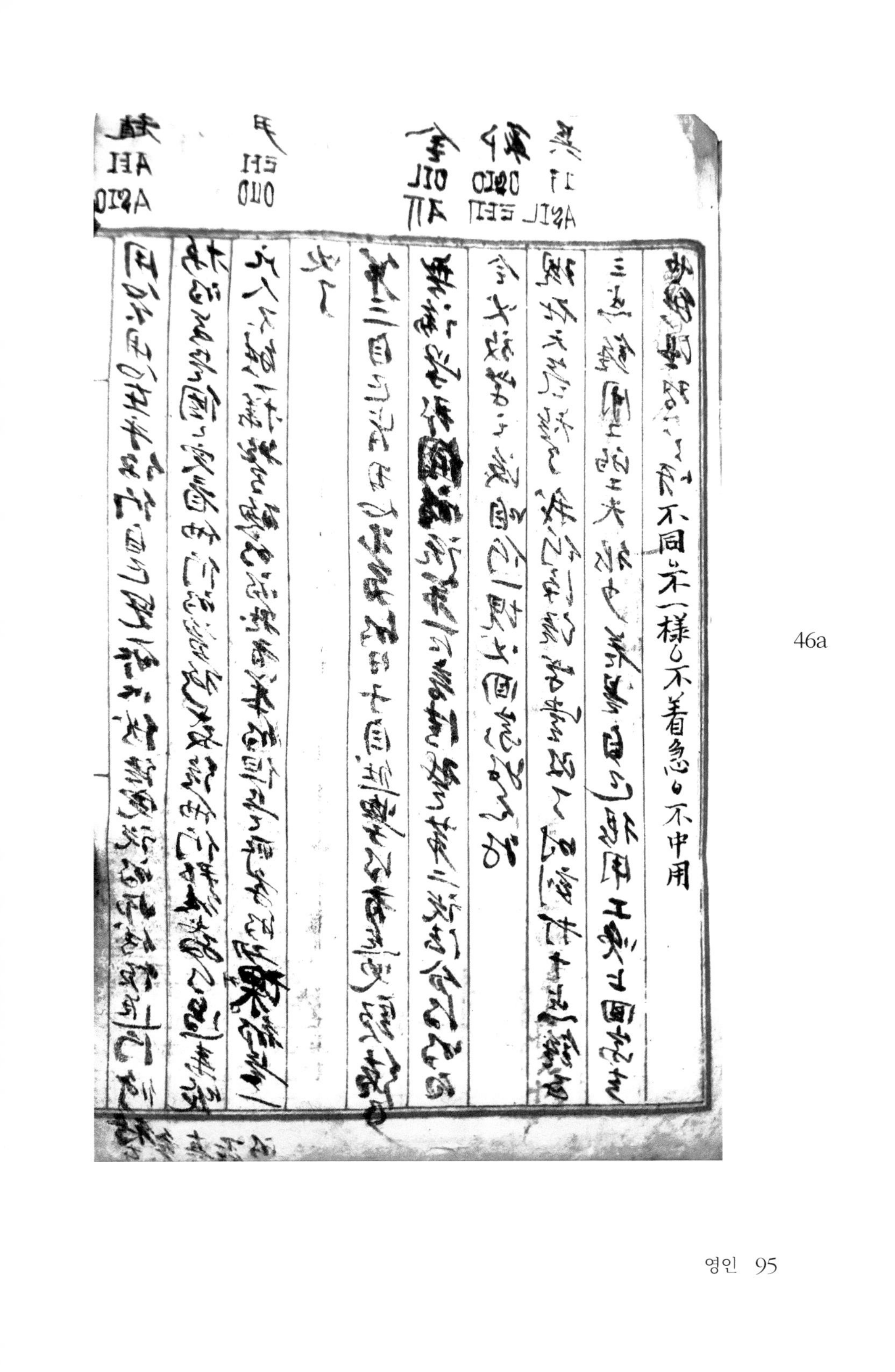

46a

45b

不不。呆不 上平。接不上。謀不到。顧不得。解不開。另不出來。差不多

了不得。看不見麼。瞧不見麼。萬想不到。

接不上。扒不起來。去不去。忙不忙。可不是麼。對不住人

下平。不願意。不要。不錯。不是。不過。不但。不論。

不到。不必。想不到。不作。不怕。不斷。不大的我

不去了。不報。中看不中吃的。不大離

去聲。不知道。不好。不行不來。不管。不能。不可以

不肯。不穩重。不敢。不然。不當差使。不分

品不出來。不懂。不言。了不了。不覺。不面

不光滑。不小。不成。不免。不悟不詭語。不妥靠。

不不○不○顧不得○了不得○着不見○解不開○瞧不見麼○不

要○不錯○不是○不但、不到○不必○行不中去

想不到○謀不到

上平 你們 我們 他們 我們俩個人 我們俩人 偺們二個人

下平 上平 你們的 我們的 他們的 咱們的

上平 這〻麼大 那〻麼小 甚〻麼人 甚〻麼東西

下平 賣甚么的 有甚么人來 這個東西是甚么人的

艾他(?)……上平

我 偺們

申 AIT

45a

44b

平
他字則是下
百字下有
都是上聲
一百至九百

44a

考期定於末月曜日而課目開列于左 陰一曆丁酉三月二十七日

書取

繙譯漢話

繙譯國文

証音

四聲

會話

寫字

一年後期都講課目記 七條

43b

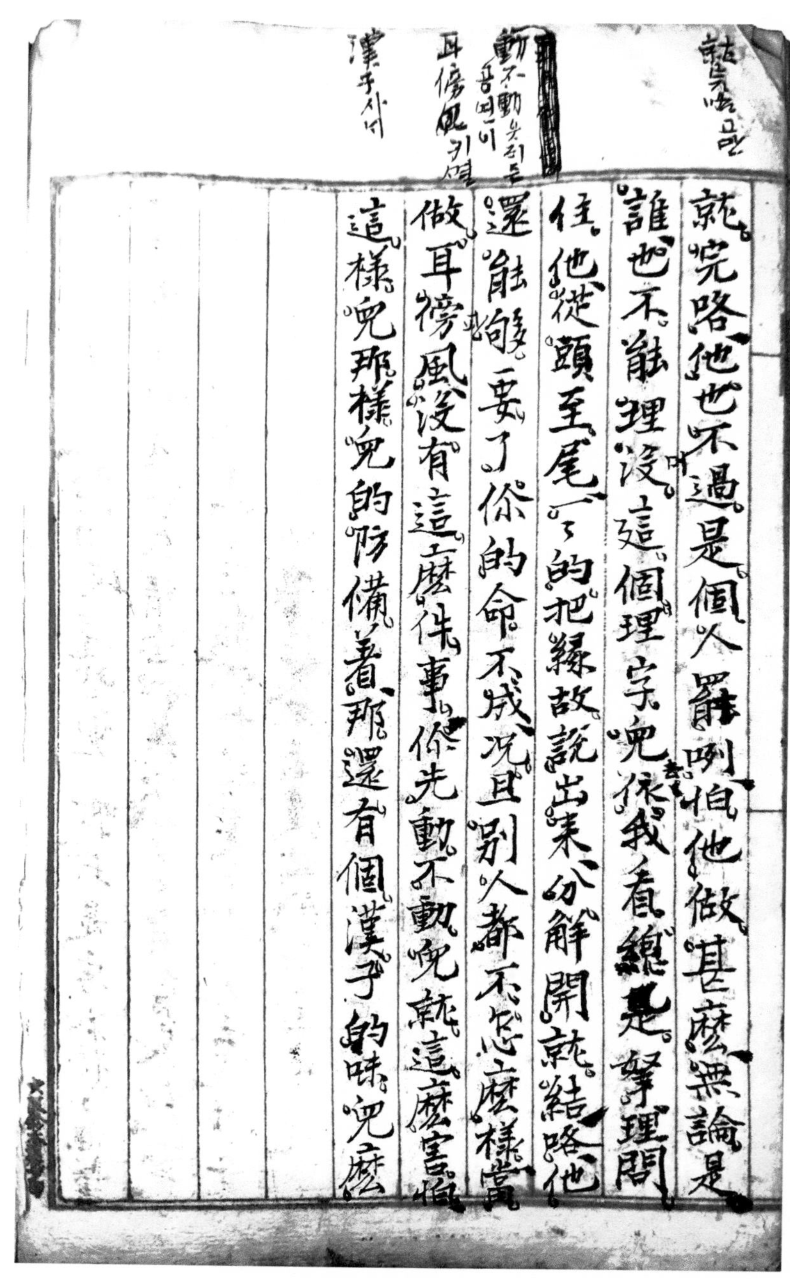

貴管家 남의 ᄒᆞ인

掌燈 셔불켤

三十課

揣心 겁을 대념부넌

留我吃便飯故此回來遲些兒 啊我是要和您商量一件事情打發人來請您好幾次您的貴管家說一早兒出去了沒有留下話不知道是上那兒去了我心裡想着您所去的地方兒不過是咱們這些常見的朋友們裏頭無論早晚一定也到我家裏來我那兒也沒能去竟在家裏候着您一直的到掌燈以後也沒見您來呀我可就納了半天悶兒這是上那兒去了

大丈夫做事膽子要大而心要小你太沒有經過事情極了有話不用放在心裡簡直和他明明兒的說開

43a

不要緊

緣故

撈摸着就說

使得麽

機

湊巧

搭着

42b

也不要緊，況且主兒尙且不着急，你先這麽催逼着是個甚麽道理啊。不論甚麽事，總要詳細了又詳細，得了一准的主意，纔可以告訴人。你們也是太年輕，一點兒沒有閱歷的緣故，不管這件事情做得到做不到，撈摸着就說，可以使得麽。我的生性兒與衆不同，若是事情沒得實底，硬壓着頭叫我辦，我不肯。若信我的，叫他等兩天再說，若是不信，叫他另求別人罷。所以古人云，謹言愼行，那句話誠不虛也。

昨兒上那兒去來着，回來的那麽晚哪。瞧我的朋友去來着，他家在西城根兒住，離這兒很遠，又搭着

不敢當別送 留步

來 你告訴他們安頓些兒不要這麼嚷 一點兒規矩都

不懂 叫外人瞧着還成樣子麼 况且有客人坐着更應

當規矩的兒 得人家談論我的家教不嚴 哪你還

不知道俗們東邊兒住着姓楊的那家麽 一點兒家教

都沒有 整天家唱呀樂啊的鬧呢 他們老家兒由着他

們的性兒 赶到他的老家兒死了 把他的家當產業都折

變淨了 現在飽一頓各處兒打飯圍 一點兒本領也沒有

所以俗語兒說的 家有歌聲家必敗 家有書聲家必興

這是甚麽話呢 論事情還沒有影兒哪 就稍微遲些兒

42a

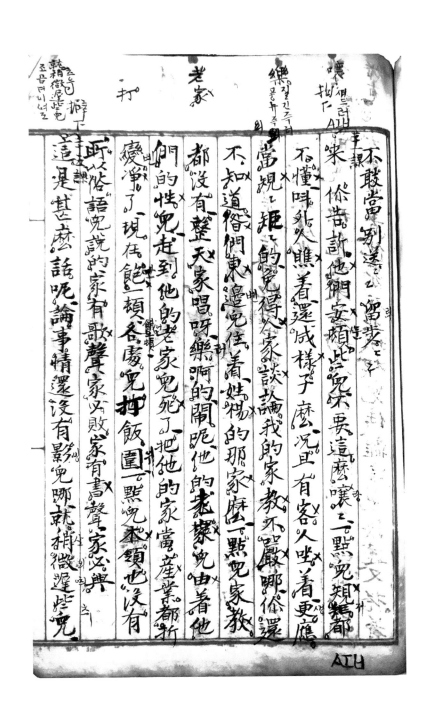

41b

不錯從先招商局的船往這兒来自從甲午年中日交戰以来招商
局的船沒来的　那麽您這還帶的貨物一定是發財的生意　好說
好説借您吉言罷哎您不知道如今的買賣難做的狠路■上脚用是
大的進口稅厘是重的發財那句話可不敢想但願剩出一路的脚用
就得了　那麽北京的茶葉和那個蝦八寶菜冬京菜這
幾樣兒您沒帶点兒来麽哎我要来的時候還想着帶来
着趕到了臨起身的時忽忽忙忙的可就忘了您若是想吃這
兒有来往北京的行庄客人可以托他們帶点兒来沒甚麽
費事的　既承您這麽費心謝謝我要回去咱們過一天見　再
坐一荏甚麽　天不早了得回去了　過一天再到府上請安謝步

十五課

天晚上到的、昨天本要到府上請安去、因為這邊零星貨物帶的太多、查點點件数兒、一天也沒騰出工夫兒来、故此還沒望看您去。沒甚麽說的、請您原諒罷咧。

豈敢豈敢。咱們這些年的相好、一點兒彼此不分、係這麽拘形迹、倒透着踈遠了。

您這邊來、是起旱路来的、是走水路来的。

我們從先由北京到天津、那二百四十里的旱路、總是坐車的時候兒多、近來北京到天津、修了鐵路、方便極了、我們從北京永定門外、坐火車一直的到天津大沽口上了日本輪船、就來了。若赶上便船、有五天的工夫、可以到這兒。

您怎麽坐日本船呢、我記得中國招商局船、不是也往這兒來麽

41a

40b

汪下向七課

兒 彼此悄都有點兒不相信罷

您納騎的不是我們這兒的馬麼 答 不錯是在貴

處買的馬 向 這匹馬是誰替您買的 答 店裡的人替

我挑的 向 他們和您要多少銀子 答 要了三十兩銀子

向 您給了沒給呢 答 我省着價錢太貴還沒給呢 向 您打

筭給他多少銀子 答 我定規是二十兩銀子 向 咲您

不知道這匹馬從前是我的啊 向 你為甚麼賣了不是

因為有些病啊 答 一點兒毛病都沒有我因為衙門的

差使現在不當所以就賣了

十四課

玉堂兄好啊 答 久違久違 您是多喒到的 我是前匹下

一課

請問尊駕到我這兒來做甚麽 我是做買賣來的
您辦了來的都是甚麽貨 都是東洋的油漆零碎貨
您貴國是日本國麽 不錯是日本國 我們的商民也有
到貴國去的麽 貴國的商民也有 都是那些省的人多
他多一半兒是打廣東福建去的

二扒上課

他們的買賣大小呢 怕沒有甚麽很大的罷 為甚麽呢
沒有本錢麽 他們的是本錢大概不很多 沒甚麽錢往
東洋去幹甚麽 他們一多半兒是跟泰西各國的人去
的 泰西國的人帶他們去有甚麽益處兒呢 是用他們
管行作為經手的 他們和貴國的人對勁兒不對勁

40a

39b

峯 山腰兒 山坡子 江河 湖海
大街 小巷 活衚衕 死衚衕 山峯
有高矮 江海有深淺 街道有寬窄
衚衕有小大○開門 關門 叫門 吧
門 開開門 關上門 扠上門 鎖上
門 把這扇窗户放下来 把那扇窗户
搘上去 沏茶来 端上點心来 開飯
罷○拿燭燈来 把炕收拾乾淨了 掃
地 撣桌子 屋子院子都要打掃乾乾
淨淨的 打洗臉水来 舀漱口水来

碗 茶盅 蓋碗 酒壺 酒盃 酒盞
酒盅子 飯鍋 鍋蓋兒 盤子 碟子
筷子 匙子 ◯ 早晨 晌午 晚晌 前
半天 後半天 白日 夜裏 整天家
終日 一夜 天濛濛亮 天亮了 天
快黑了 天黑了 ◯ 俗語兒説的 人有
臉 樹有皮 無論甚麽人 必得知道
羞耻 他是個忠厚人 他是個刻薄人
他是狠老實的人 他是不安分的人
他是要好的人 他是個下流人 ◯ 山

39a

38b

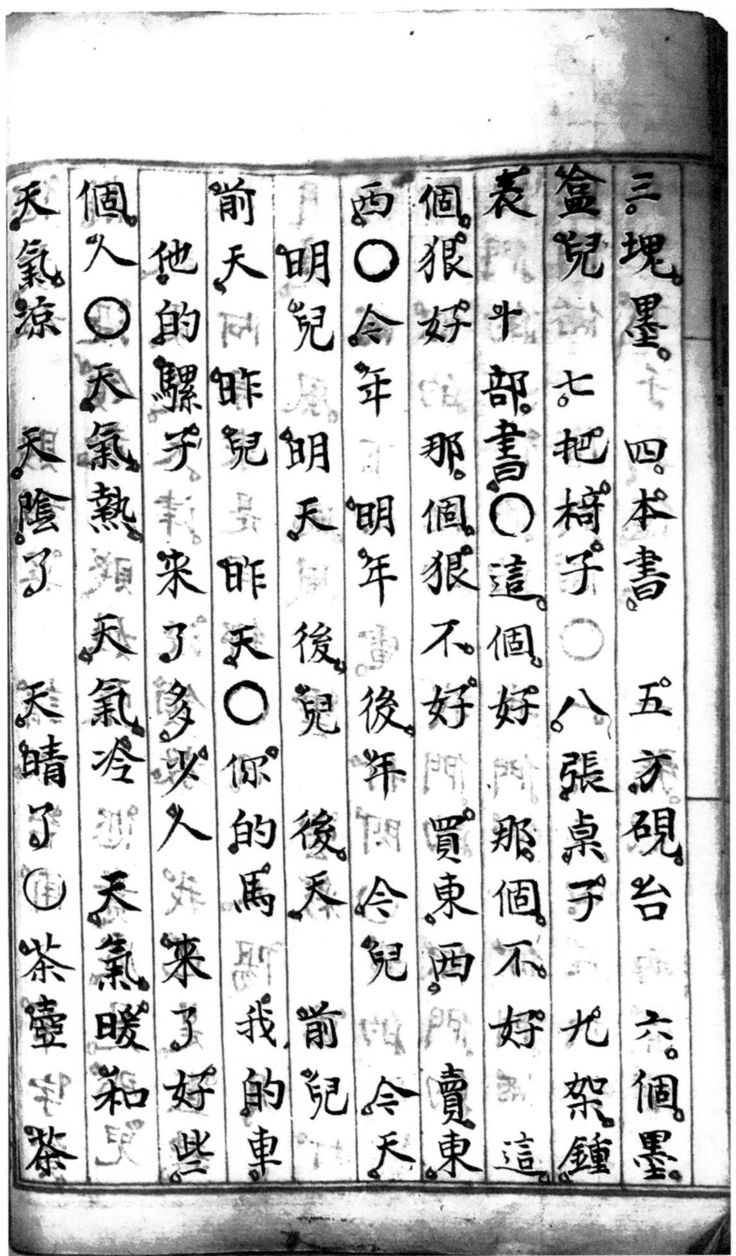

三塊墨 四本書 五方硯台 六個墨盒兒 七把椅子 八張桌子 九架鐘表 十部書 這個好 這個不好 這個很好 那個很不好 那個不好 這個很好 那個很不好 買東西 賣東西 今年 明年 後年 今兒 今天 明兒 明天 後兒 後天 前兒 前天 昨兒 昨天 你的馬 我的東西 他的騾子來了 多少人來了 好些個人 天氣熱 天氣冷 天氣暖和 天氣涼 天陰了 天晴了 茶壺 茶

您貴姓 賤姓吳 請教台甫 草字賓
静 没領教 賤姓張 您貴處是那兒
敝處是天津 没領教 我也是直隸
人 阿原来是同郷○日 太陽 月
月亮 風 颳風 雲 雲彩 雷 打
雷 雨 下雨 電 打閃○我的 您
的 你的 他的 我們的 你們的
他們的 偺們的 我們倆 你們倆
他們倆 偺們倆○一二三四五六七八
九十百千萬億兆 一張紙 兩管筆

38a

37b

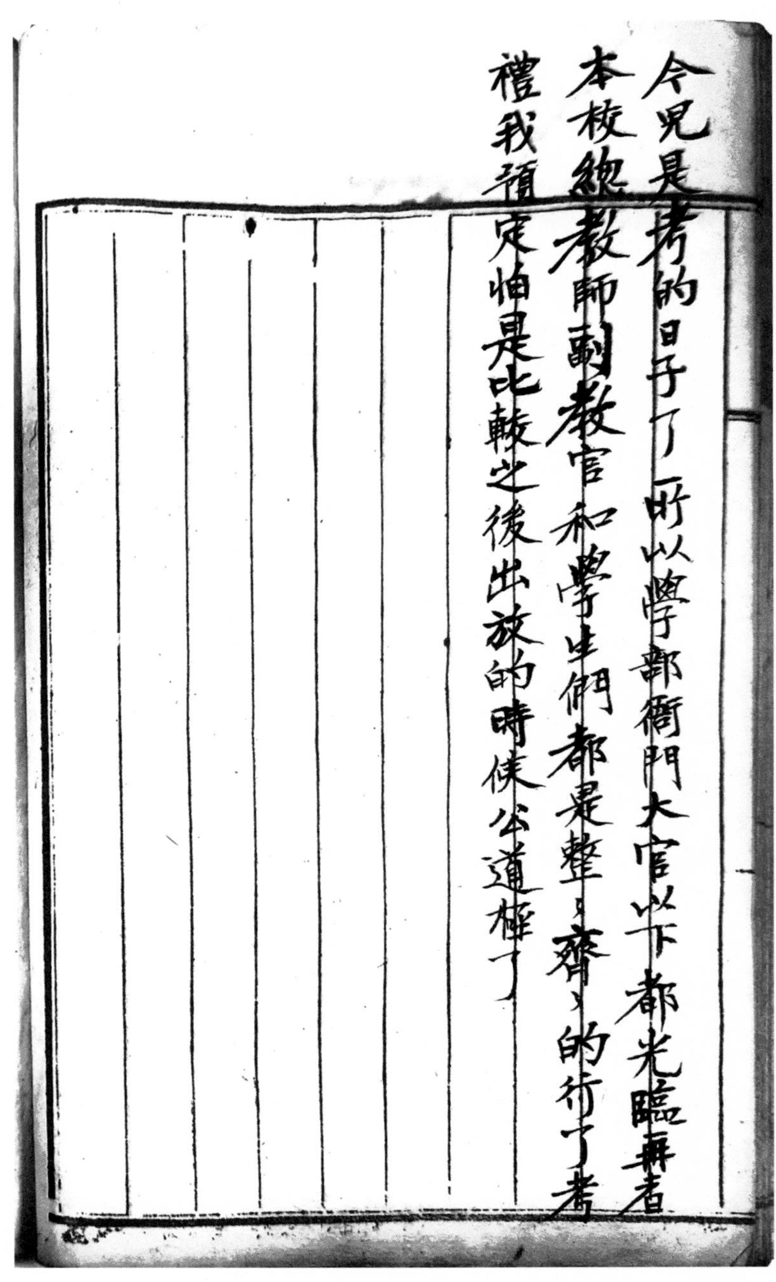
今兒是考的日子了所以學部衙門大官以下都光臨再者
本校總教師副教官和學生們都是整〻齊〻的行了者
禮我預定怕是比較之後出放的時候公道極了

37a

36b

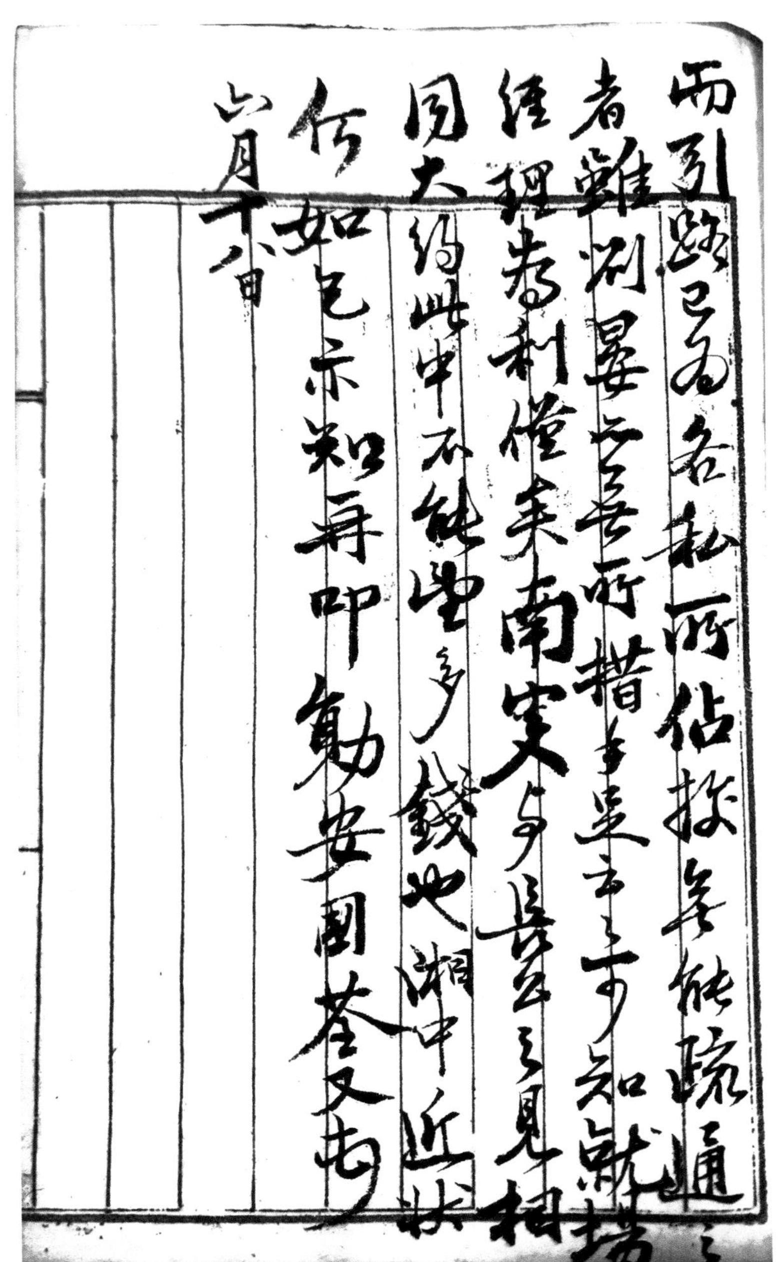

36a

35b

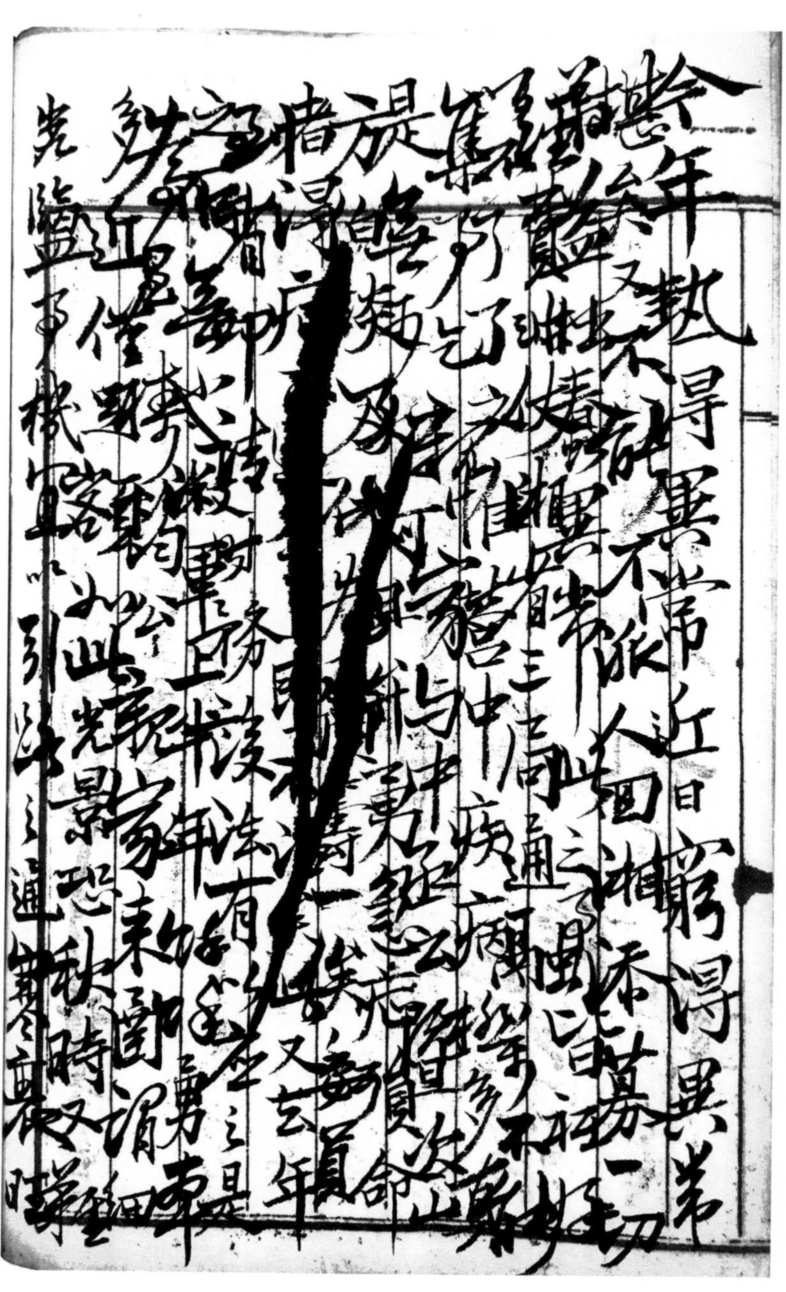

35a

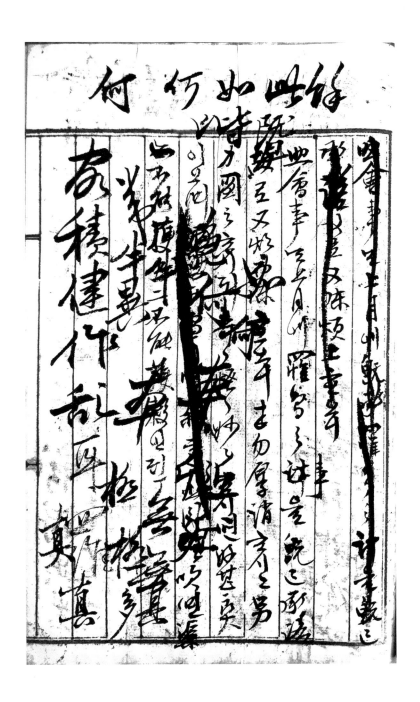

34b

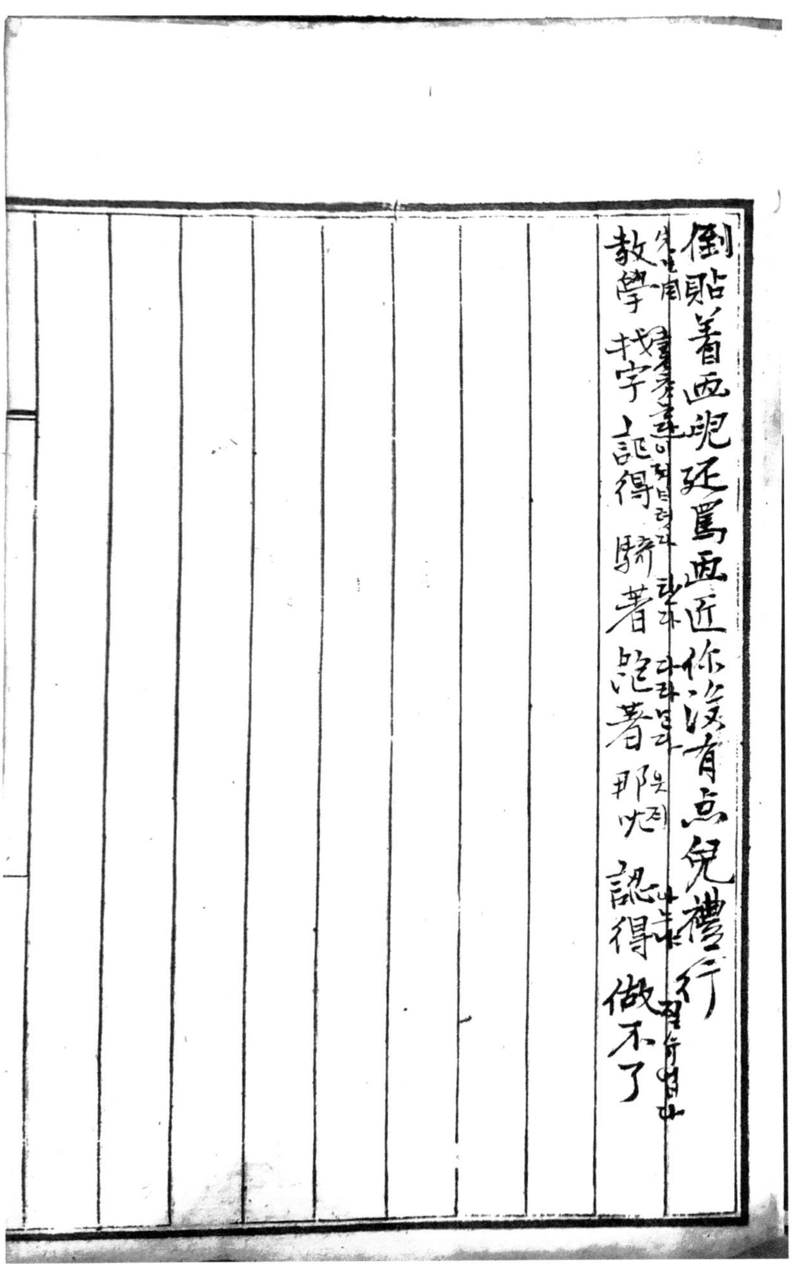

倒貼着西兒延罵西匠你沒有点兒禮行

教學 找字 認得 騎著 跑著 那忙 認得 做不了

34a

正音明白

官立漢語學校

33b

正音

作 肉 麥 黍 米 牙 羊 西 細 集 寸 樓 酒 擺 飲 和

燙 抄 典 念 塊 懂 窮

躺著 坐著 起來 站著 走著 步行 大街 慢走

回來 等一會兒 暫且 請教 他教字四聲是平

對頭 擺船話 替會說 原話 抄 潮 吵 鈔

回來 獃 愣兒 些 邪 寫 謝

一轉眼的工夫 很快的意思

俗寫 正寫 減筆寫 這是減

正寫是怎么寫法 俗寫是怎么寫 正寫是怎么寫

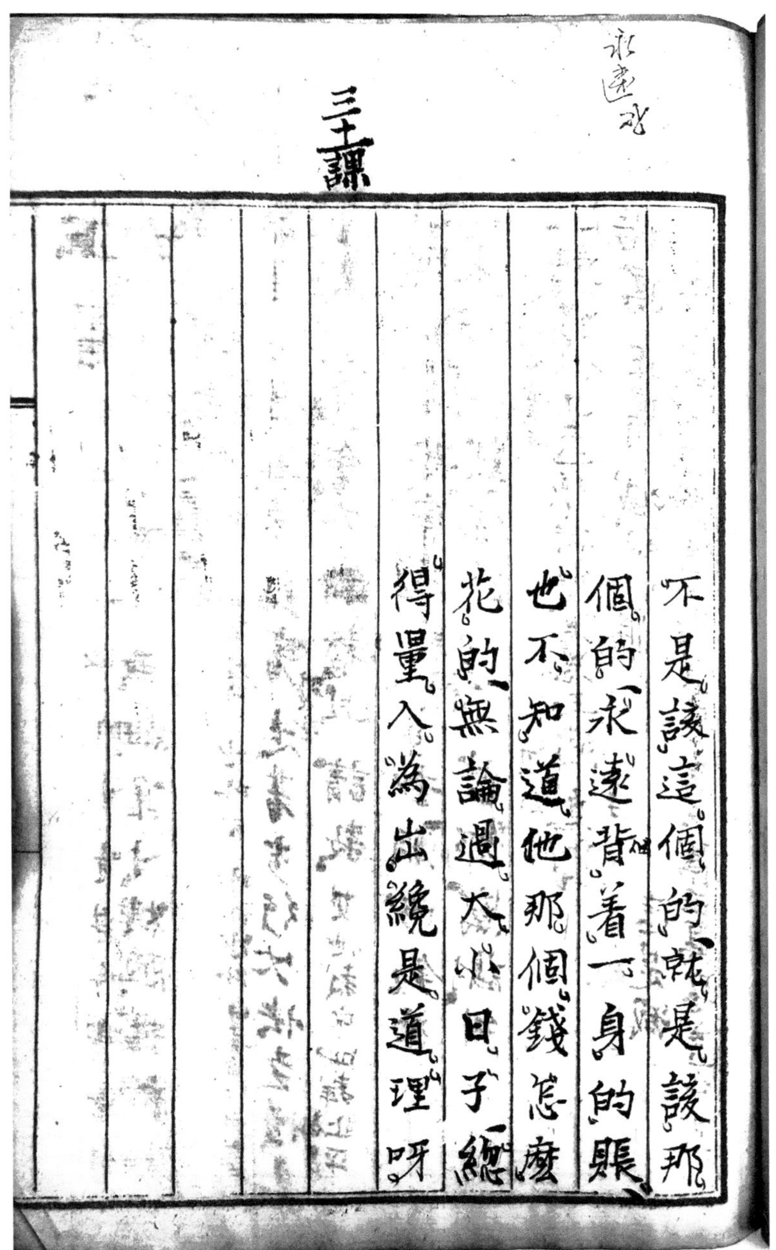

三十課

不是該這個的就是該那個的求遠背着一身的賬也不知道他那個錢怎麼花的無論過大小日子總得量入為出纔是道理呀

33a

歇會兒 좀 쉬엇다가

掉下 댜 쌰 떠러졋다

釘 박는다

該賬 빗지는 것

進項 [illegible]

32b

乾凈凈的就把鞍子備好
了歇一會兒我要騎着出
城去。 若是出城上遠道
兒馬的前掌兒已經掉下
一半兒來路還得換掌纔
行哪那麼趕緊拉了去釘
新掌快回來 該賬容
易還賬難我有一個朋友
他的進項足够過日子的
一年到頭總是東拉西扯

妥當　吊膽　佩服　餧完

第九課　張○掌賬 장

你這個人太不妥當總是慌慌張張的一點兒不穩重就是有事情誰也不敢經你手裡辦若是經你手真叫人家提心吊膽不能放心恐怕好事也叫你給辦壞了凡人無論年紀大小總要老成纔能叫人佩服哪

來你告訴馬夫說把牲口餧完了刷的乾

勉強 억지로

31b

日子咯、都可以記在心裏罷、你可以說幾句給我聽

聽 噯、記可是記得、想要簡簡決決的說、還早呢、眼面前免的零碎話、不過勉強說出来、若是一連四五句話、恐怕接不上罷 啊、

依你這麼說、得學幾年、纔會、哪可惜很聰明的人、總是不肯用心的緣故

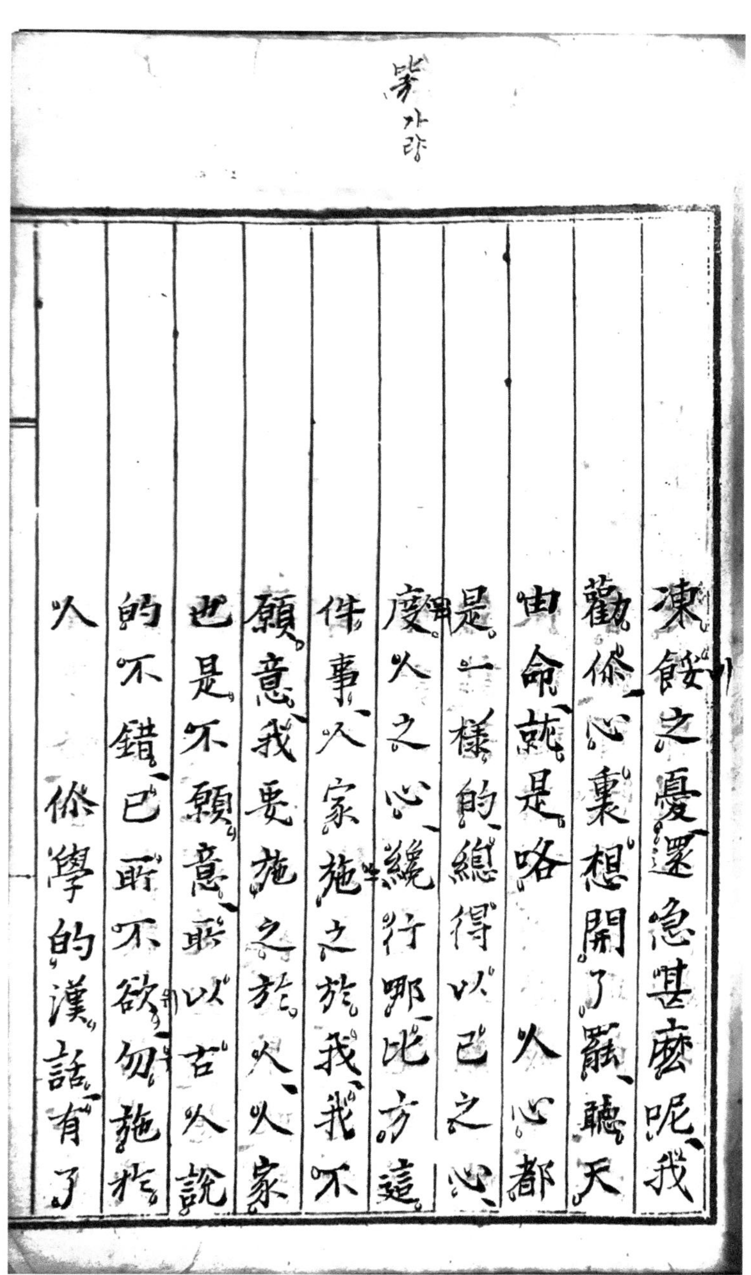
第 가량

凍餒之憂還急甚麽呢我勸你心裏想開了罷聽天由命就是咯 人心都是一樣的總得以己之心度人之心纔行哪比方這件事人家施之於我我不願意我要施之於人人家也是不願意所以古人說的不錯己所不欲勿施於人 你學的漢話有了

31a

甚麽分兒上 무슨 분수

賦閑 편히게지내는거

30b

這幾句話不過勸人努力
向上不可不學的意思所
以古人云人不學不如物
幼不學老何為真乃不錯
的 依我看不要這麽
着急咯謀事在人成事在
天若沒有時來運轉息到
甚麽分兒上也是枉然況
且賦閑這麽些日子家裡
有現成飯吃決不至於有

本領 져죠

平常 곳치 비타

二十七課 機意已記 지

一定有報應所以古人說
的不錯善有善報惡有惡
報若有不報時候沒到
人生在世最要緊的是學
本領有才能終身不能受
飢寒之苦雖然是這麼說
可也得論時運好歹機會
有無纔能得着好事呢時
運平常就是遇着好機會
謀不到手那也多得很哪

30a

29b

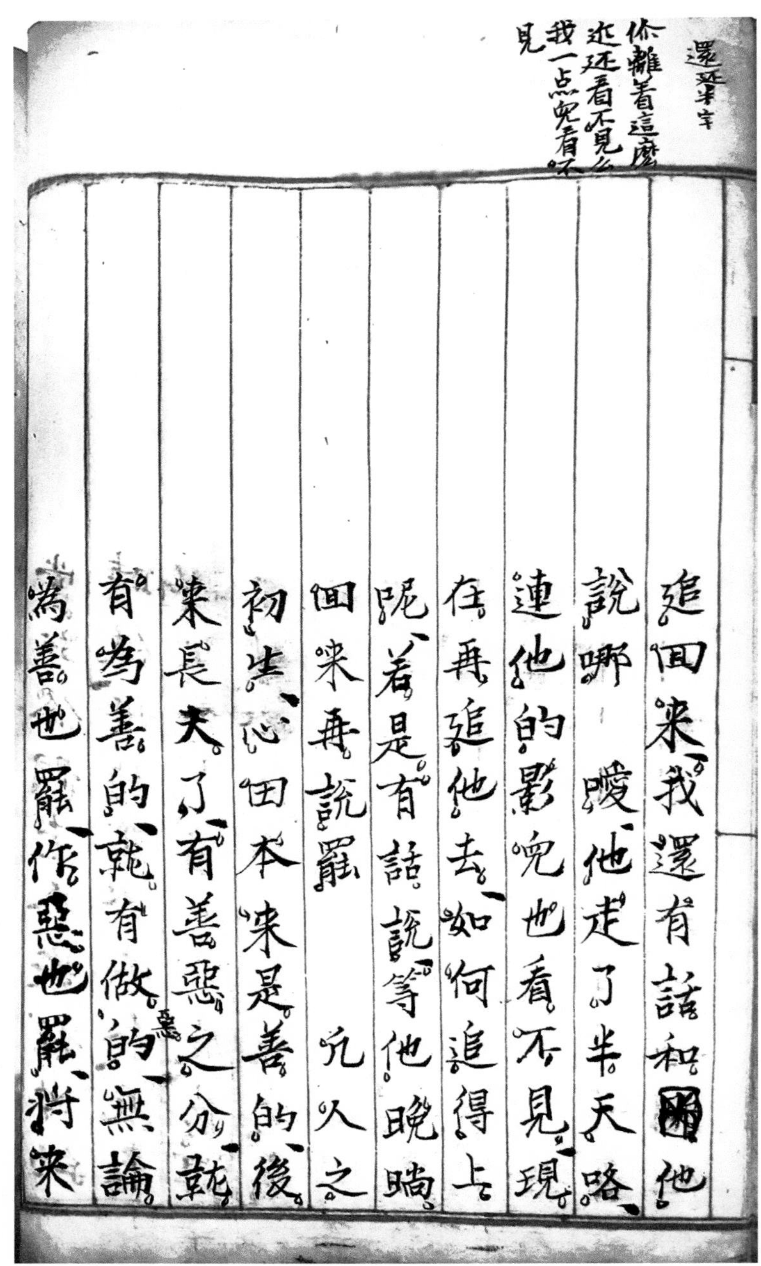

還延半字

你離着這麼远延看不見么我一点兒看不見

追回来我還有話和[illegible]他說哪　㗅他走了半天路連他的影兒也看不見現在再追他去如何追得上呢若是有話說等他晚晌回来再說罷　凡人之初生心田本来是善的後来長大了有善惡之分就有為善的就有做惡的無論為善也罷作惡也罷將来

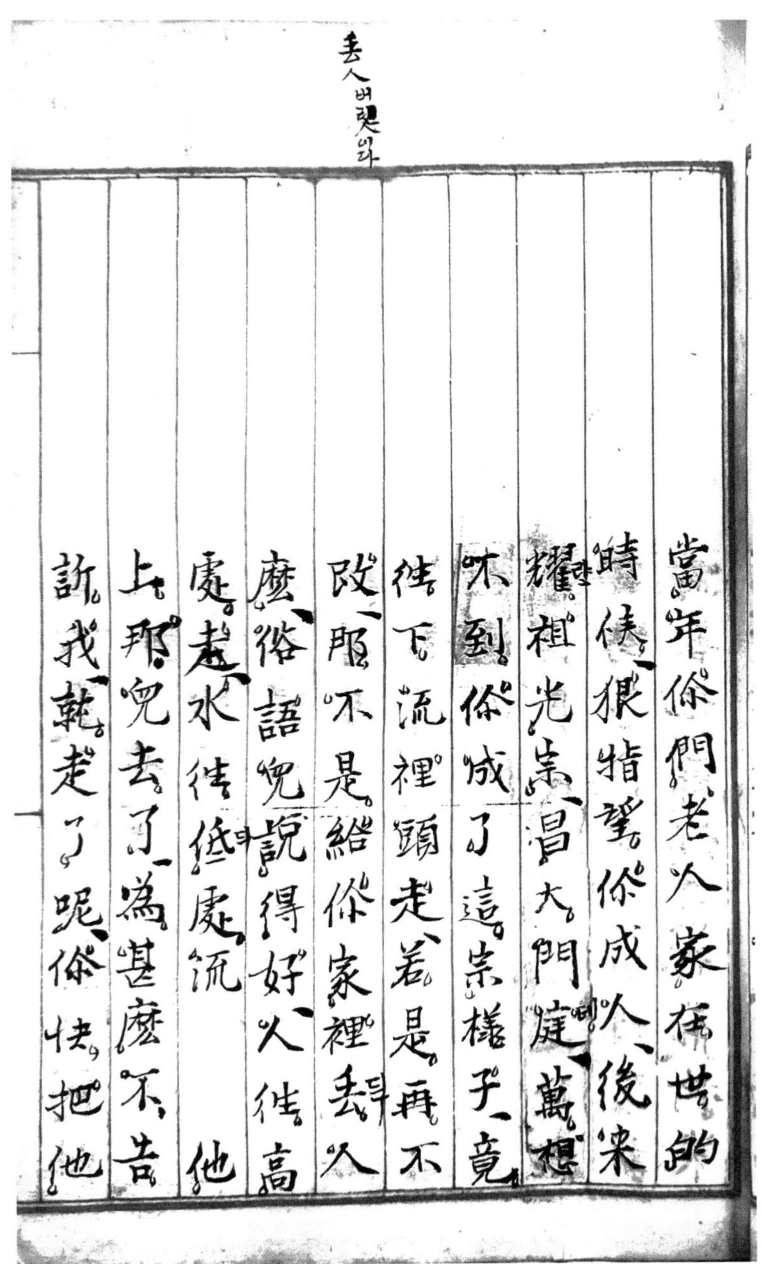

丟人버是人이라

當年伱們老人家在世的
時候很指望伱成人後來
耀祖光宗昌大門庭萬想
不到伱成了這宗樣子竟
往下流裡頭走若是再不
改了那不是給伱家裡丟人
麼俗語兒說得好人往高
處走水往低處流　他
上那兒去了為甚麼不告
訴我就走了呢伱快把他

29a

28b

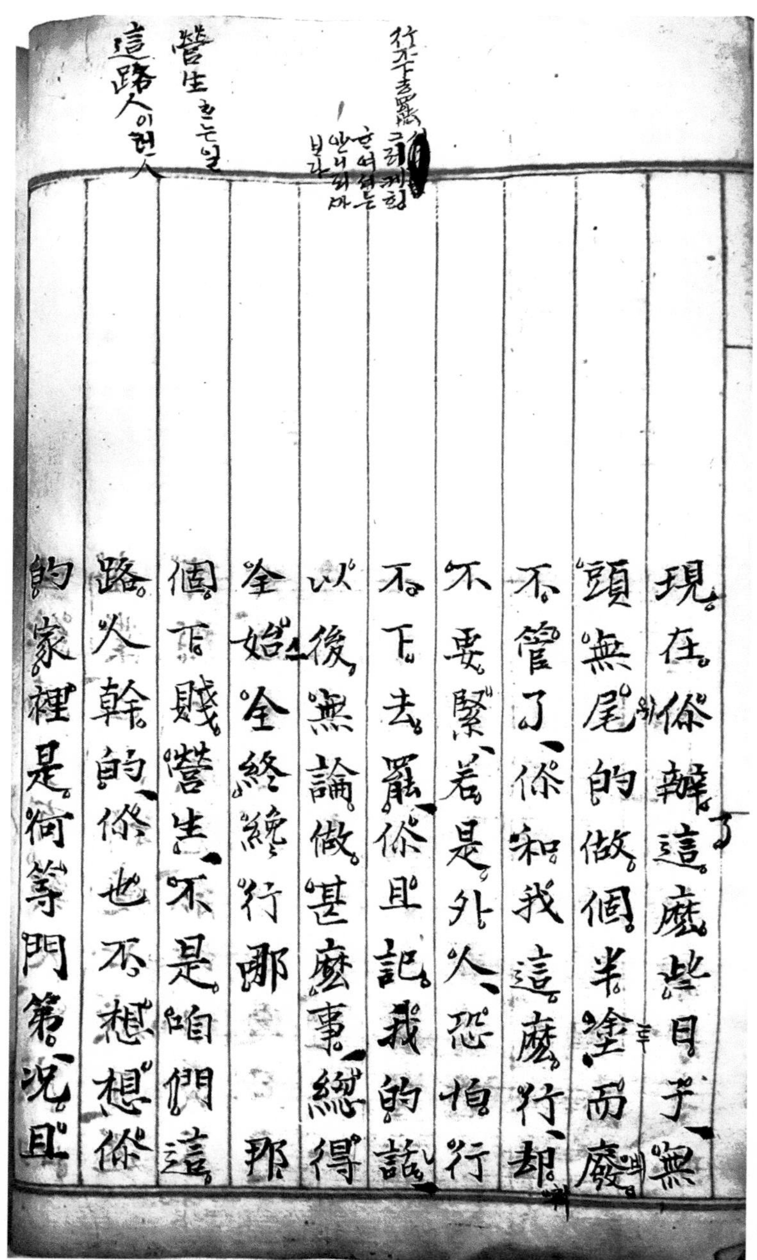

營生 흔ᄂᆞᆫ일
這路人 이런人

現在你辦這麼些日子，無
頭無尾的做個半塗而廢
不管了，你和我這麼行，却
不要緊，若是外人，恐怕行
不下去罷，你且記我的話
以後無論做甚麼事，總得
全始全終纔行哪 那
個下賤營生，不是咱們這
路人幹的，你也不想想你
的家裡是何等門第，况且

能彀 넉넉ᄒᆞ다

輩代同

一千六課

應營影應 잉

世絕闖了有幾天十成的
產業已經折變七成了還
有那三成兒能彀樂幾天
哪若是安分守己過日子
像那些家當產業還彀一
兩輩的過活所以俗語兒
說的創業容易守業難
你太對不住人了這件事
既應承給我辦就得盡心
竭力的辦成總能歇手哪

對不住 남의게 실신ᄒᆞ다

靠不住 미덥지 안타

28a

27b

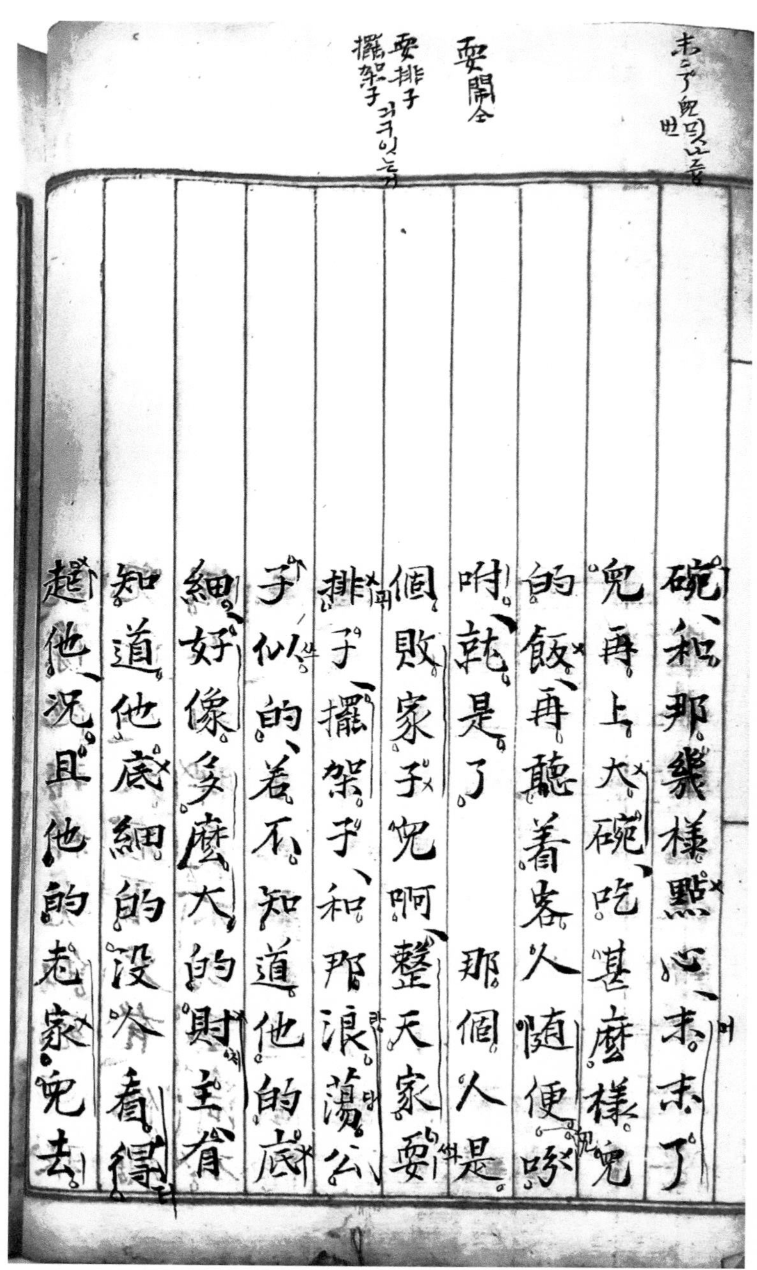

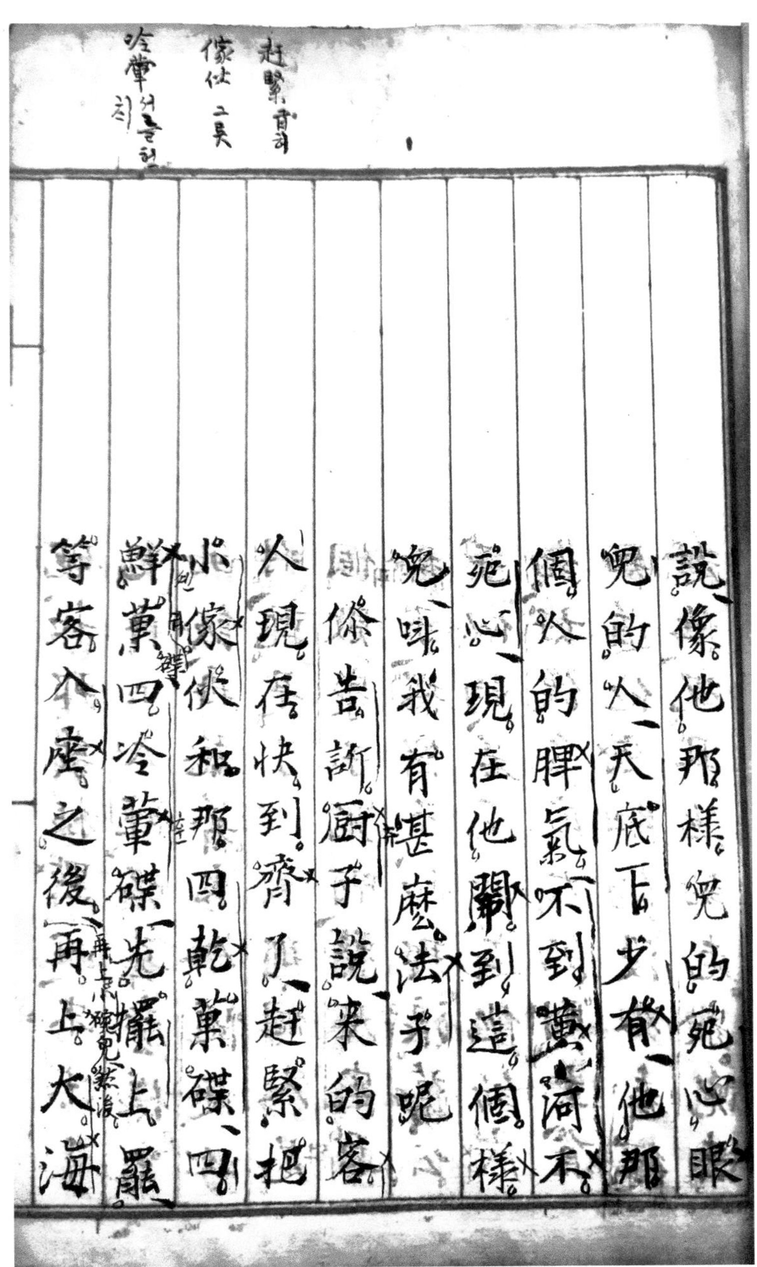

趕緊 급히
傢伙 그릇
冷葷 서늘한 치

說像他那樣兒的苑心眼
兒的人天底下少有他那
個人的脾氣不到萬不
苑心現在他鬧到這個樣
兒哧我有甚麼法子呢
你告訴廚子說來的客
人現在快到齊了趕緊把
小像伙和那四乾菓碟四
鮮菓四冷葷碟先擺上嚴
等客入座之後再上大海

27a

26b

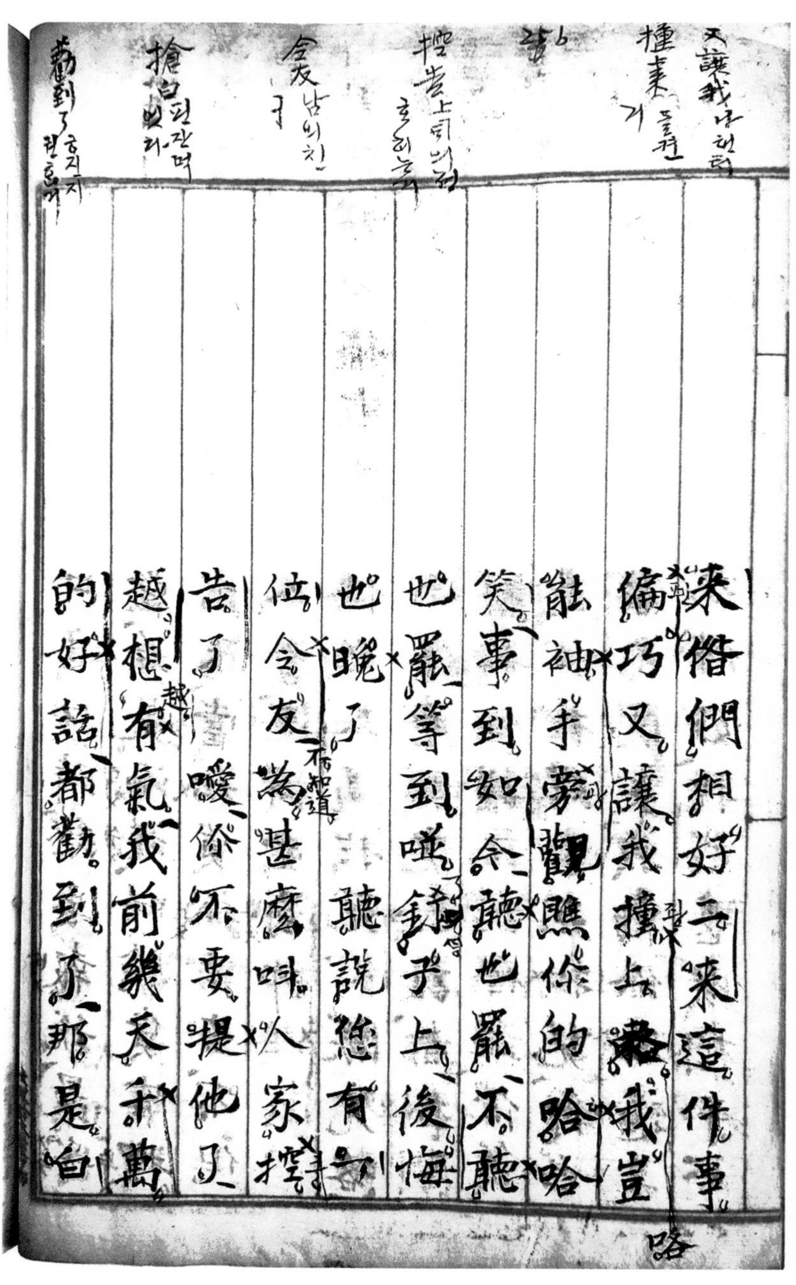

進口時總要報稅、最妥 26a

當、若是漏稅、時驗貨官搜

出來、當私貨抓了去、不但

入官、還得受罰哪

你也太過於死心眼兒咯、

我甚麼樣兒細話、都擗開

揉碎的講說給你聽、你美

是心裡繞了死扣兒、再也

解不開來、我勸你不過是

為你好、於我甚麼相干、

25b

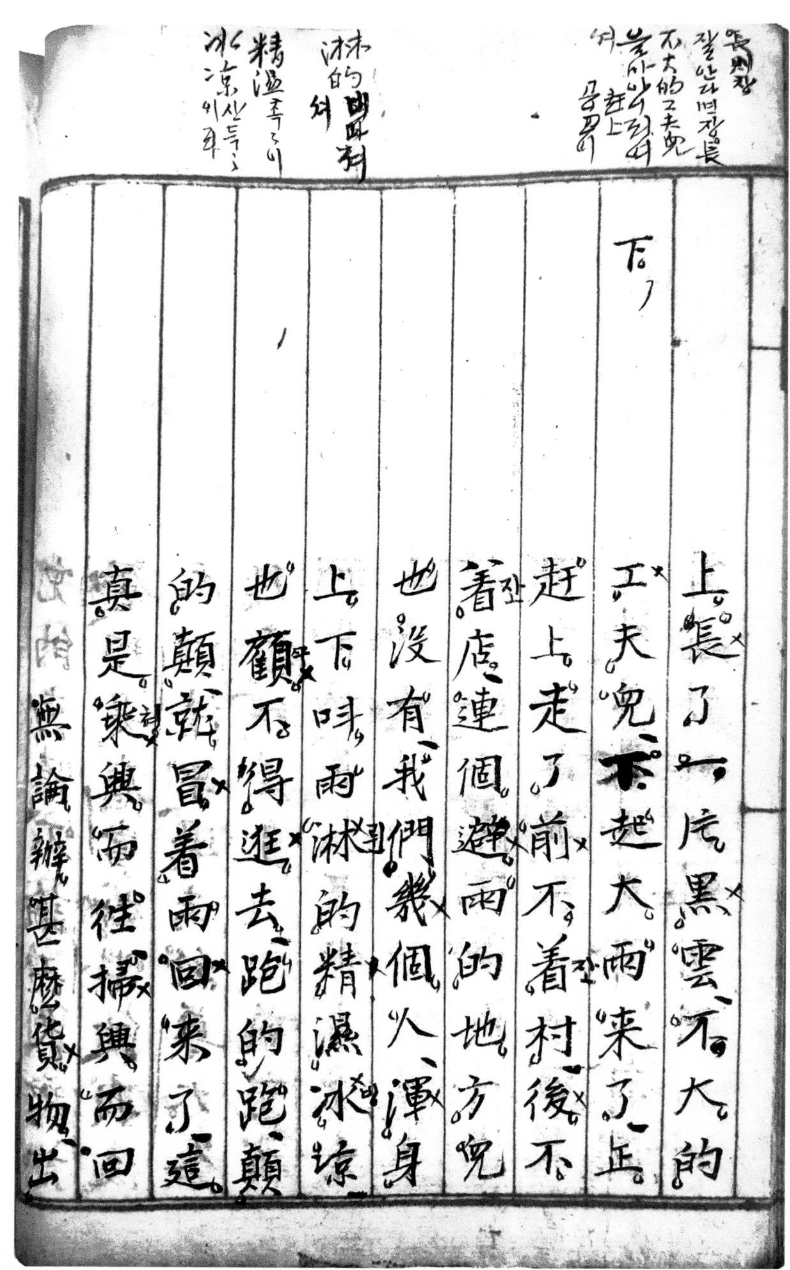

上長了一片黑雲不大的
工夫兒下起大雨来了正
趕上走了前不着村後不
着店連個避雨的地方兒
也沒有我們幾個人渾身
上下叫雨淋的精濕冰涼
也顧不得進去跑的跑顛
的顛就冒着雨回来了這
真是乘興而往掃興而回
無論辨甚麽貨物出

一清早 붉지거시

兒的交情不論工夫那一
層那是應當效勞的我後
天一清早過去給尊大人
拜壽就是了 前兒我
們出城甚麽是逛竟是受
了罪路沒動身的時候天
朗氣清一點兒雲彩也沒
有起出了城走了有好幾
里地眼看着要到了我們
坐落的地方忽然從西北

25a

24b

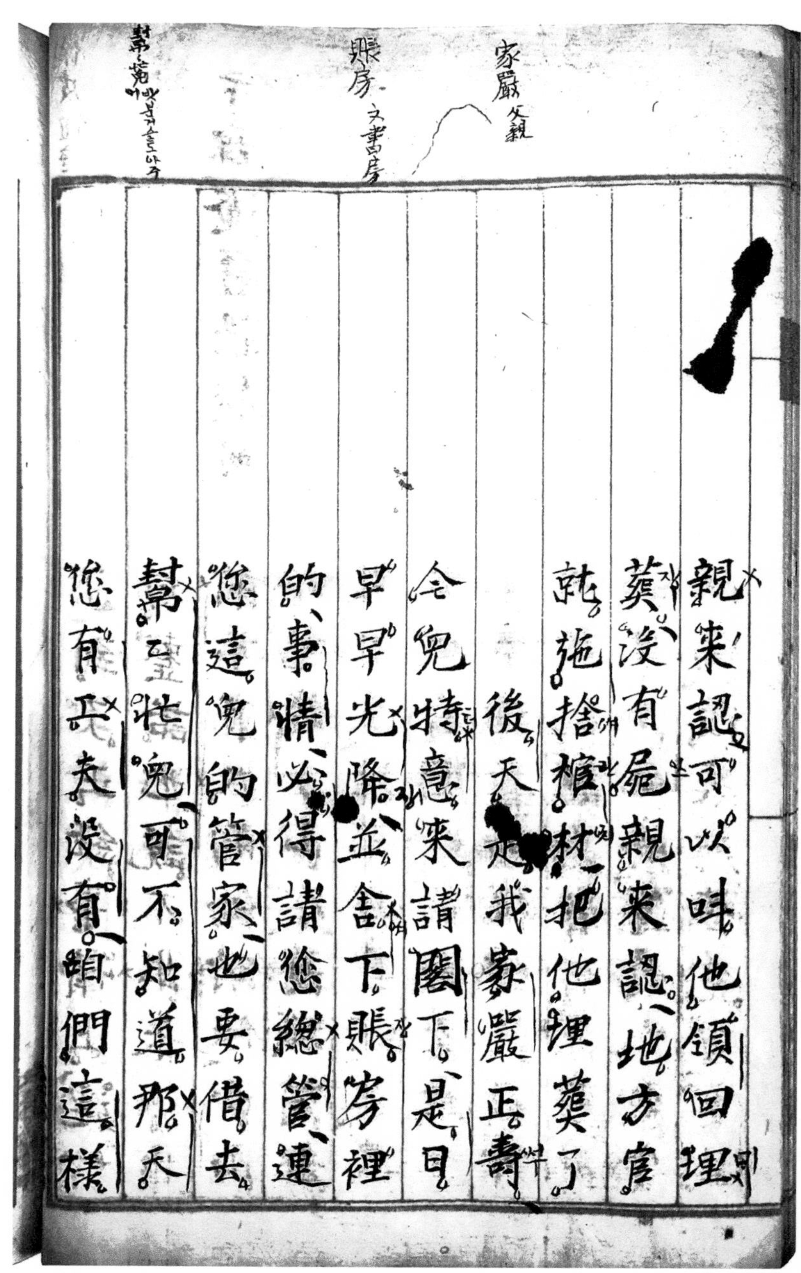

家嚴 父親

賬房 文書房

親來認可以叫他領回理
葬沒有屍親來認地方官
就施捨棺材把他埋葬了
後天是我家嚴正壽
今兒特意來請閤下是日
早早光降並舍下賬房裡
的事情必得請您總管連
您這兒的管家也要借去
幫幫忙兒可不知道那天
您有工夫沒有咱們這樣

作皮 거묘흔

二十三課

淹 물에빠져죽은놈

仵 우 作 쥐 驗 볜 屍 싀 人 인

淹嚴眼驗 예

了、到了正經事情上、連一句整話也說不出來

前年下大雨的時候、西山那嗎兒發了山水、護城河都漲滿了、淹死好幾個人、我出城去閑逛、正遇着地方官帶領着衙役仵作在那兒驗屍、說是看看怎麼死的、是淹死的、還是人家害死的、後來那些屍首有屍

24a

軟弱 연약ᄒᆞᆫ거
夜 熬了 오 밤새는거
乏 바 곤ᄒᆞᆫ거
儘自 진 드러 너
撂下 랴 ᄂᆡ버리는거
折變 졀가ᄒᆞ여 판다

見屋子這麽臟叫人家笑
話啊 這幾天公事忙
得狠一連氣熬了兩夜渾
身軟弱連點兒勁兒也沒
有昨天晚上我本要早睡
來着好歇歇乏兒恰巧我
的親戚又來了儘自坐着
不走我怎麽能撂下去睡
呢 那個人仗着嘴能
說俏皮話兒刻薄話兒行

23b

已○咱們定規是後天在慶豐堂聚會我恐怕不能赴席諸位到齊了您替我說、請他們原諒罷

二十二課 敲瞧巧俏

你怎麼這麼偷懶兒屋子裡的塵土有多麼厚你還看不見麼天天總要打掃乾乾淨淨的快把桌子椅子擦一擦地毯拏出去敲打敲打倘或有客人來瞧

擦一擦 씻어 보라

倘或 義或同意

23a

22b

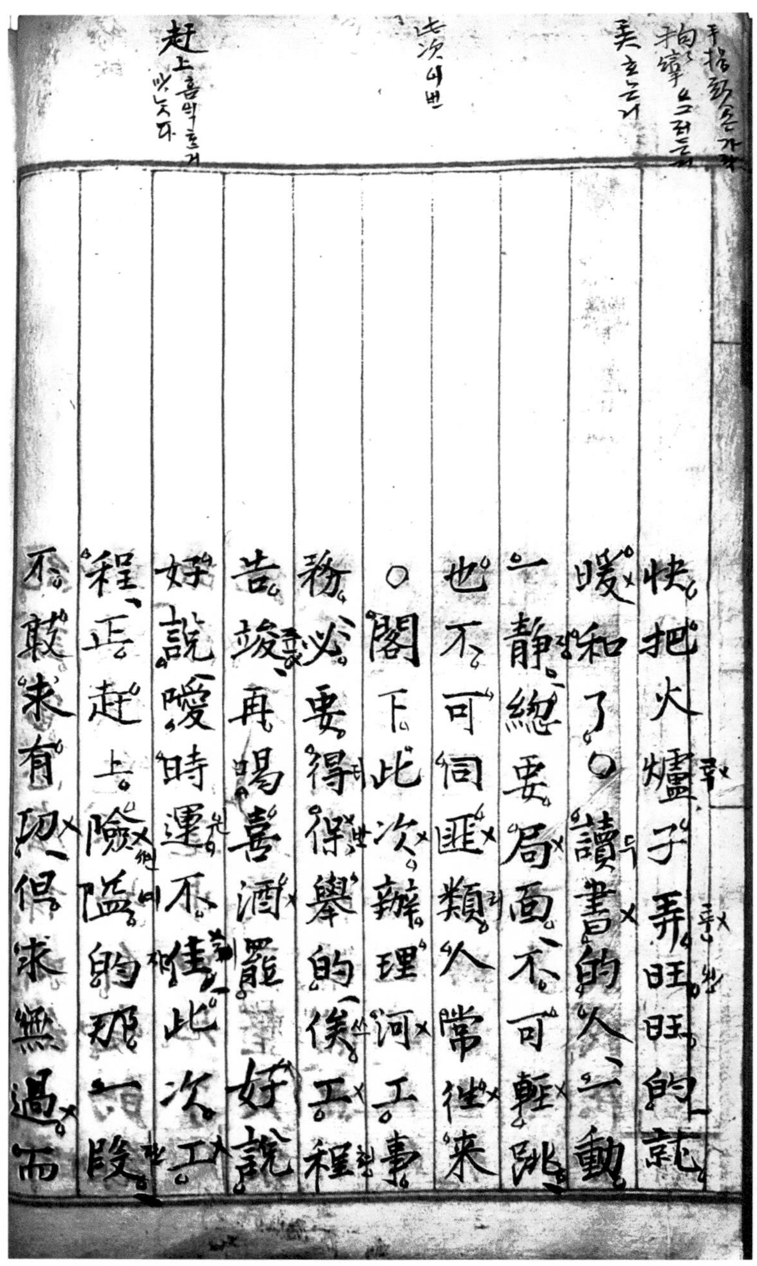

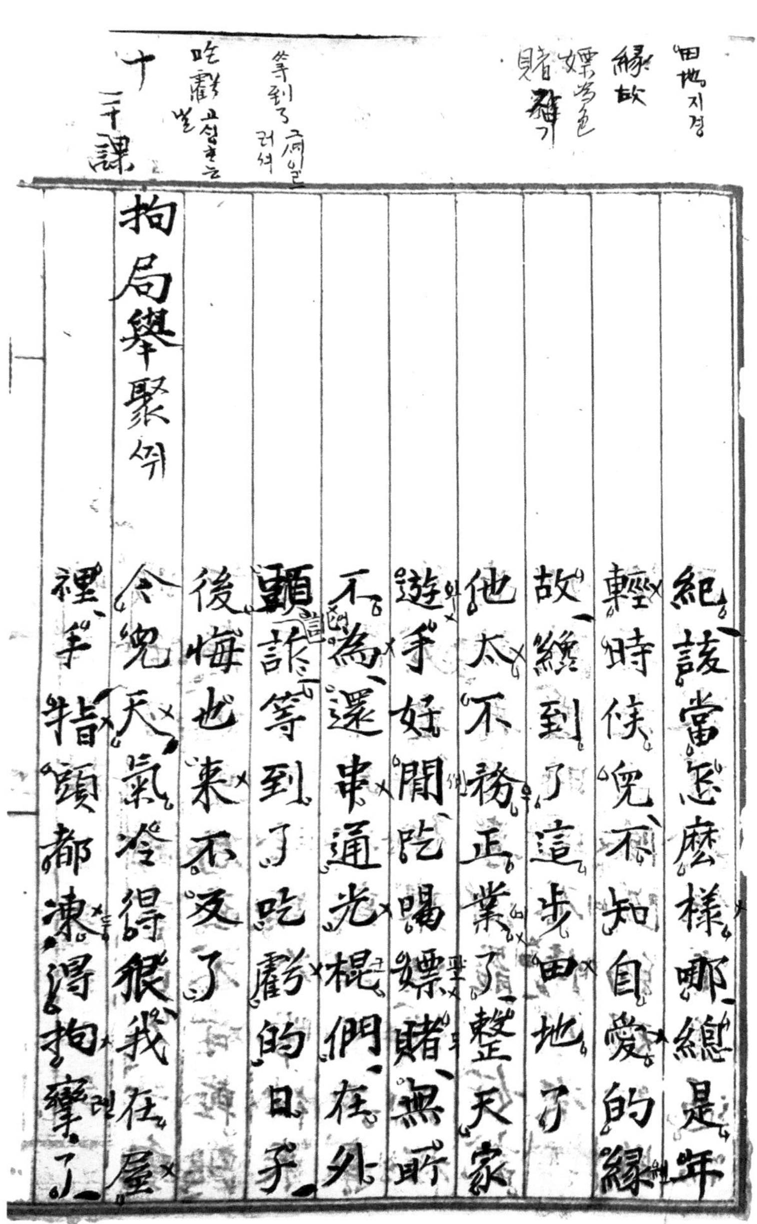

二十課

拘局攣聚例

紀該當怎麽樣哪總是年輕時侯兒不知自愛的緣故纔到了這步田地了他太不務正業了整天家遊手好閒吃喝嫖賭無所不爲還串通光棍們在外頭詐等到了吃虧的日子後悔也來不及了

今兒天氣冷得很我在屋裡手指頭都凍得拘攣了

22a

21b

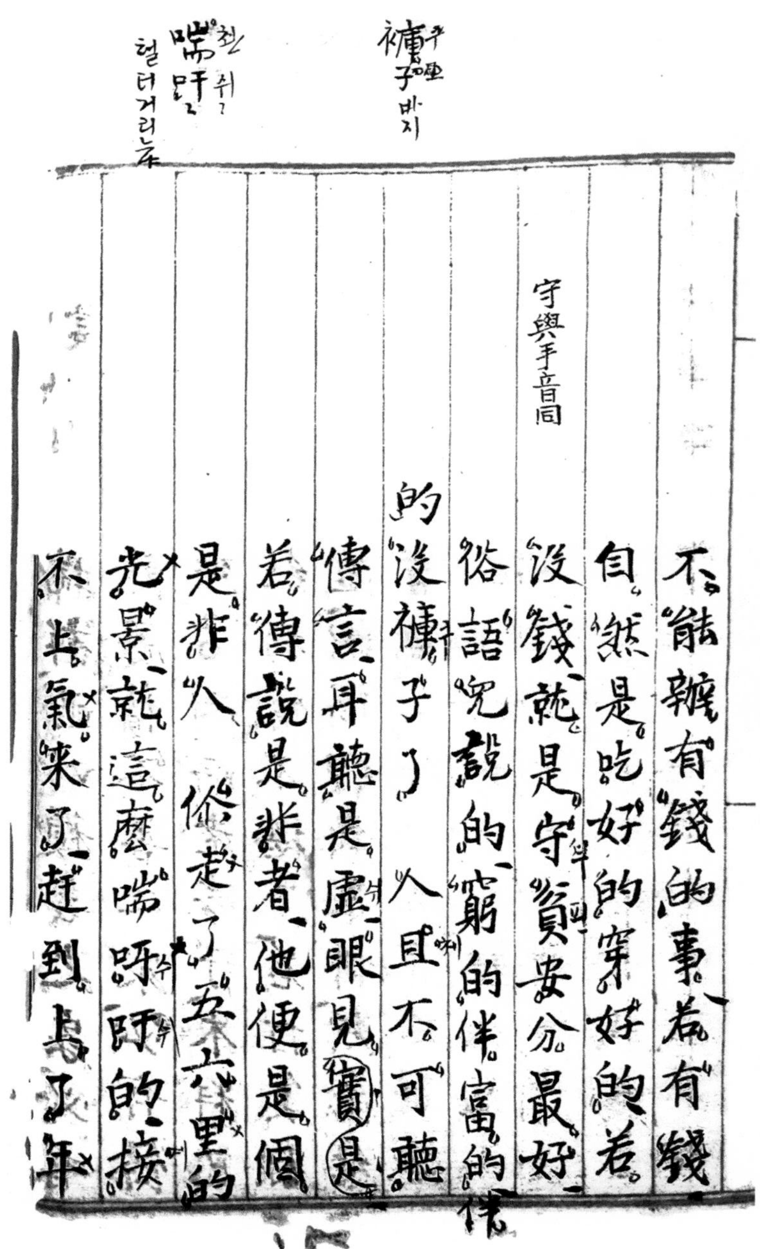

守與手音同

不能賺有錢的事、若有錢
自然是吃好的穿好的、若
沒錢就是守貧安分最好、
俗語兒說的、窮的伴富的伴
的沒褲子了 人且不可聽
傳言、耳聽是虛、眼見實是
若傳說是非者、他便是個
是非人 俗走了五六里的
光景、就這麼喘吁吁的接
不上氣來了、趕到上了年

詳

端詳所以積善之家必有餘慶積不善之家必有餘殃。那所老房子木料已經朽爛不堪了若打筭翻蓋總得攙新木料纔能結實哪不然還用舊木料含含糊糊的蓋上恐怕站不住多小年了兩袖清風就是手裡沒錢的比語

穿傳端串 활

穿衣吃飯得量家當沒錢

21a

20b

十九課 修○朽袖 수

親連個存身的地方也都
沒有自好大家想個法子
給他湊點兒盤纏叫他回家
兒得流落他鄉啊 這
屋子本來就小連個透氣
兒的地方都沒有叫人在
屋裡怎麽坐呢實在悶得
狠快把門開開一點兒縫兒
罷
前世修福造孽今生便知

拏人家東西、不叫人知道、就是偷、當着人家硬拏東西、就是搶、搶者強盜

把房門撬開了、把他們的銀錢首飾、都偷了去、他們全不知道、趕到他家裡的人、驚醒起來、那賊跑的連影兒也看不見了、後來咱許巡夜的官兵追那賊去、大約也是枉然、這個人可憐得很、他到這兒投奔他的親戚、今年春天走了、不在這兒了、現在舉目無 20a

來了、沒想到他的親戚

粥 文話 주 俗話 주

十八課 偷 投 透 투

街坊 등비

19b

舊裏頭有寒苦的就幫他
粮食幫他錢到了冬天的
時候城外頭還要設煖廠
撫恤難民若像他這麽樣
的做好事不但給他的子
孫留了餘地步連他的來
世之福也可以修來了
昨天夜裡我們那兒隔壁兒
的街坊鬧賊来着他們家
裡的人睡覺睡的太樣賊

遭难百姓
조난빅셩
운難民

澈底根究查不出水落石
出來況又是人命干連非
同小可做地方官的豈能
草草了事辦結了人心
隔肚皮知人知面不知心
慢日久天長後有品不
出來的所以古人交友之
道交的是正並非交的是
人那位老人家真是個
慈善人無論遠近親戚故

19a

18b

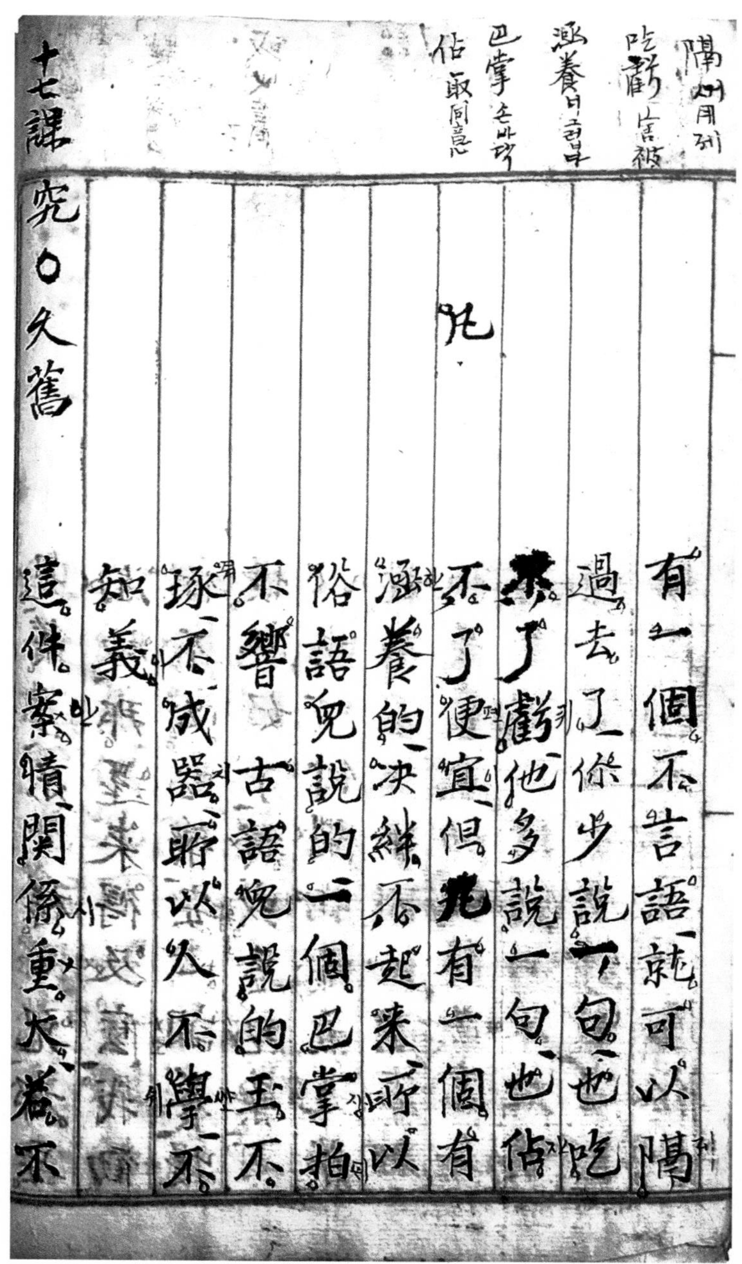

顧不得 도라볼
那麽些 이만
個
慢ㄷ 쳔쳔이
或 火音同 혹
一付 藥麵子
一劑 湯藥
拌嘴 文話
討人嫌 厭煩 苦意

見笑了、宗[illegible]樣兒、都要
淘神、那還来得及麽、我勸
你不必吃藥、安心調養、慢
慢就好了、幾或要吃藥、可
以吃一付開胸順氣丸藥
就行了、中國的酒席裡
頭最貴重的、就是燕窩和
那魚翅、你們倆太厭
煩了、儘自這麽拌嘴、還能
拌出甚麽來麽、我勸你們

18a

到了兒 橫竪同 道
銷 쌀 팔니는것
馱子 실은 劈柴
長斫柴
是個 당호
含糊 모호호
笑了 고만

件事、譬如這麼辦不好、我再想個別的法子辦若是辦不好、總不肯歇手、到了兒也要辦好了、所以有志者事竟成、那句俗語兒、真々不錯的

十六課 鬱魚語王 위

你這個病是個氣結胸從鬱悶而得何以生了這麼大的氣但凡可以含糊的過去就可以含糊裝看不

17b

牲口的人是個馬販子
他的脾氣天生的乖戾怎
麽能改得柔和所以俗語
兒說得好山川容易改秉
性最難移　你去買一牛
馱子騾紫來價錢不要太
貴了　您不知道現在價
錢不筭貴等到了冬景天
的時候騾紫銷的多價錢
可就貴的了不得了　這

16b

十三課

匹脾劈譬 리

那天有一個人騎着一匹牲口在大街上来回来去的跑我站着着了半天心裡很納悶莫不是這個人有點兒症候啊不大的工夫兒着熱鬧的人越聚越多都在那兒議論紛紛也有說那牲口皮毛長的不好也有講那牲口跑的不大穩後来我一打聽那個騎

休秩 休職的同意

商量斟酌 商酌的同意 의논이라

可不是麽他近來上了

年紀精神衰敗步履維艱

所以上了摺子告病還家

隱居不仕了今蒙皇上

加恩准其原品休秩聽

說此次殿試老兄用了榜

下知縣恭喜恭喜好說

大家同喜啊自愧才疏學

淺不過托着祖宗的福蔭

僥倖得着的

16a

15b

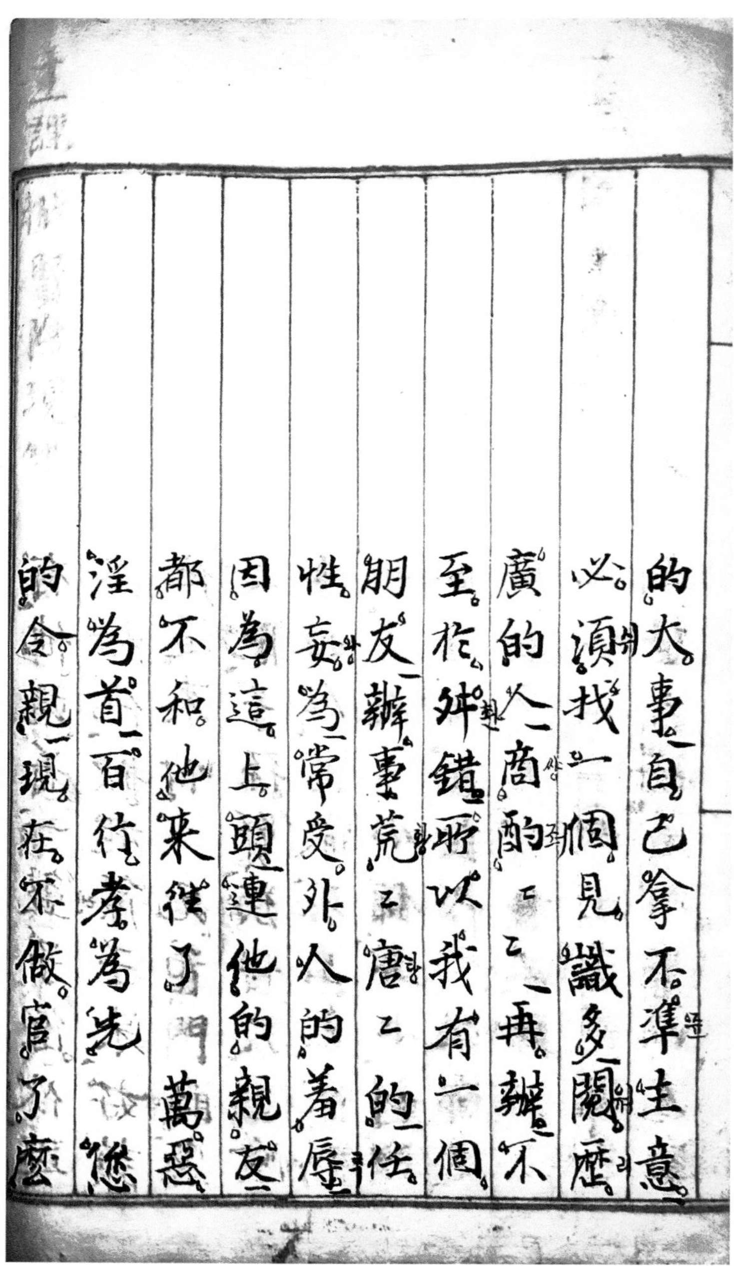
的大事自己拿不準主意
必須找一個見識多閱歷
廣的人商酌商酌再辦不
至於舛錯所以我有一個
朋友辦事荒荒唐唐的任
性妄為常受外人的着辱
因為這上頭連他的親友
都不和他來往了萬惡
淫為首百行孝為先懲
的令親現在不做官了麽

十二課

因淫隱蔭 인

有他端着一盤子傢伙還不給他撤起簾子来好讓他進来啊兄弟睦家之肥子孫賢族將大險惡的人萬做不出熱心腸的事来小鋪本小利微的買賣無論那一位都是現錢交易一概不賒凡人做事總要三思而後行免勞後悔若有實在為難

15a

十一課

撇賢險現例

14b

我打發人把團扇送到府
上去就得了 大人明日
上任一定了甚麼時刻 定了
了是卯時接印 那麼我
吩咐書吏皂役人等至卯
時一齊謁見你是甚麼冒
失鬼冷孤丁的硬闖進來
了為甚麼不叫看門的先
通知一聲再進來
你一點兒眼力見兒都沒

是狗拿耗子就是多管閑
事了所以俗語兒說的各
掃門前雪別管草上霜
聽說您令親的法繪很好
我打筭請您代我懇求畫
一把團扇可不知道他筆下
最得意的是山水人物啊
還是花卉翎毛啊 他最
得意的不過就是翎毛
那麽閣下費心了過一天

14a

13b

十課 挑 三同

挑 挑條 挑跳 조

這個東西都有毛病叫我
挑了半天連一個也沒挑
出來 無論辦甚麼事有
條有理兒的辦決不能有
錯的 你的嘴太快了挑

鐃

出是非來也鐃不了你
巫婆子跳神不過哄騙人
家的幾個錢若是信服他
難免要上檔了

貓毛卯冒 말

貓拿耗子是他的責任若

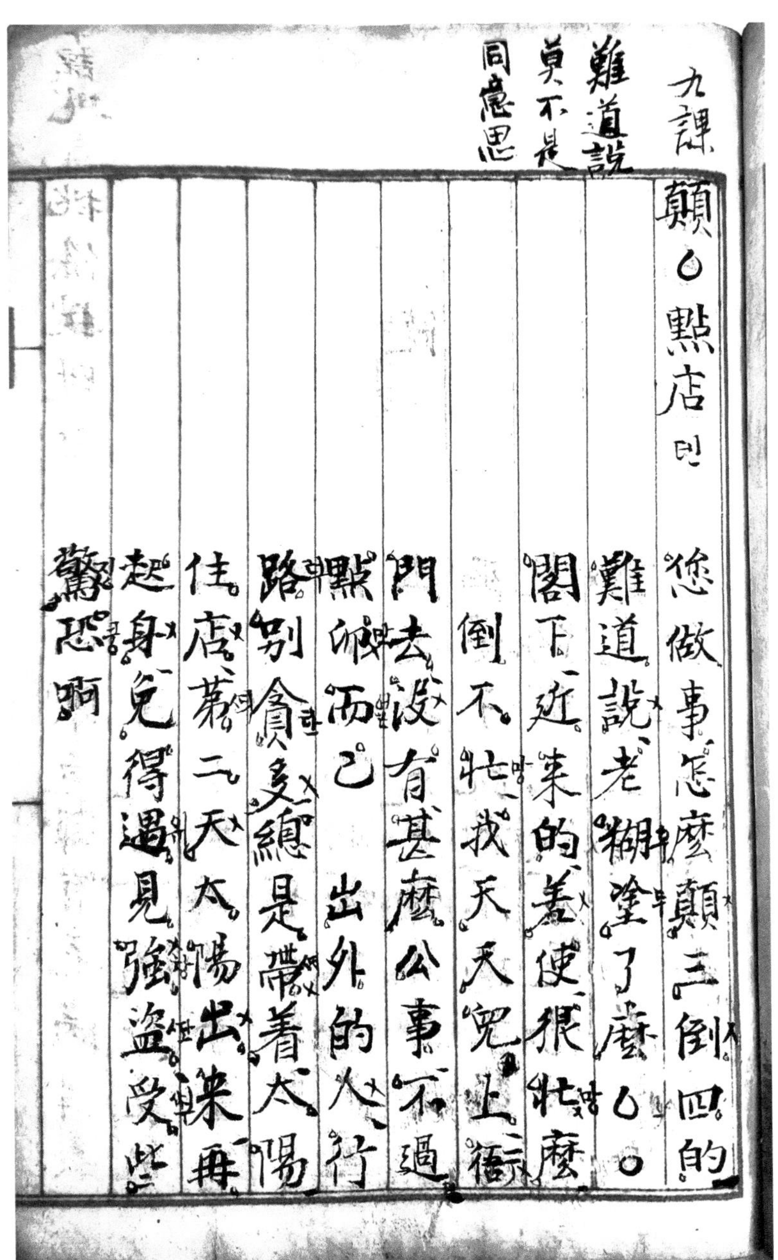

13a

12b

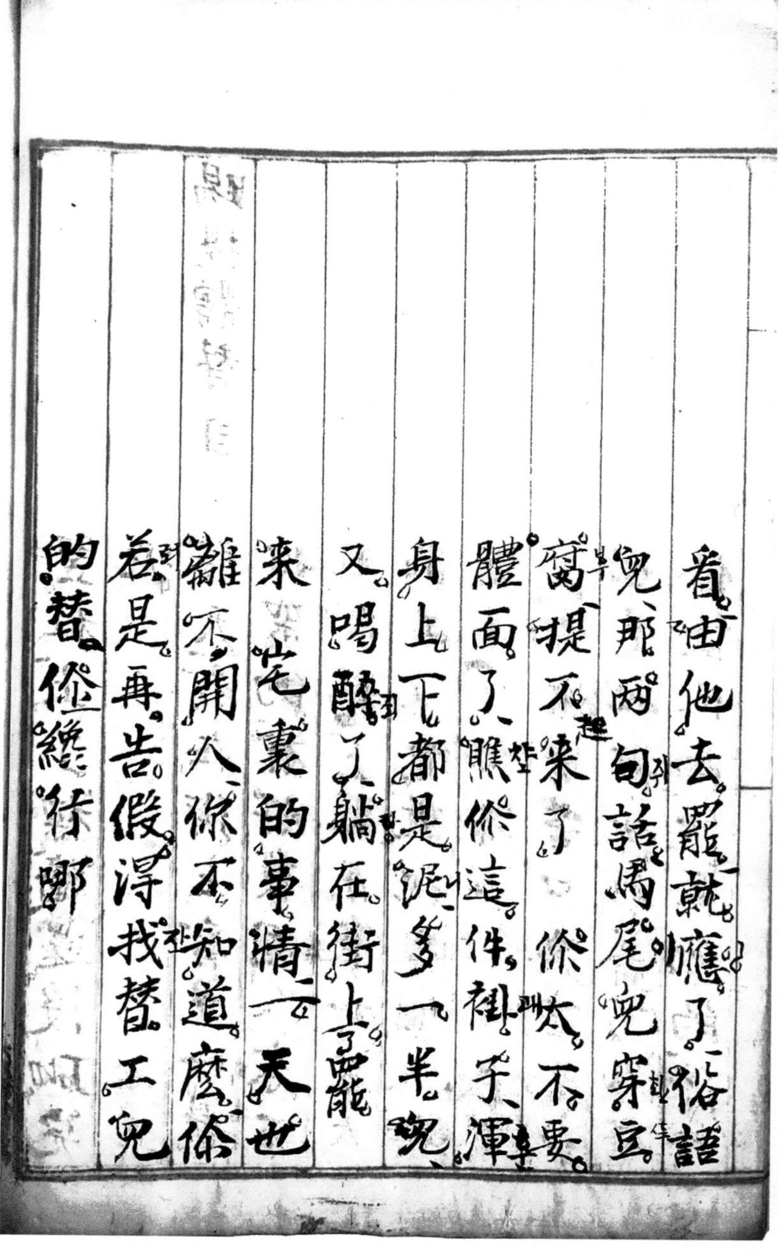

看由他去罷就應了俗語兒那兩句話馬尾兒穿豆腐提不起來了你太不要體面了瞧你這件褂子渾身上下都是泥多一半兒又喝醉了躺在街上了罷來家裏的事情一天也離不開人你不知道麼你若是再告假得找替工兒的替你纔行哪

竪柱上了樑牆還沒砌完 12a

呢

踢提體替 듸

那天我在街上看見一羣

打架的有好幾個人底下

用脚踢上頭用拳打不大

的工夫就把那個人打

死了 你不必對牛彈琴

了你常常苦口良言勸他

也是枉然他聽着不入耳

你說你的他幹他的依我

11b

八課

沏騎起砌 최

要出門拜客去 把開水燙開了趕緊沏一壺茶来 昨天在道上遇見我的朋友騎着一匹很快的馬我就到一個舖子裏躲避了一下會兒得他下馬周旋了 你瞧到甚麼時侯了還不起来上學麽府上的房子蓋完了沒有 後蓋完哪已經

音不好連四聲也分不清楚我給
你駁正了好幾回你求遠改正不過
來一味我有甚麼法子呢一宗在太不
用心你若還是這個樣兒不必濫
等究數兒了

汪王徃徃 왕

今年雨水大的很莊稼都涝了抵
窪的地方成了一片汪洋大海了
王爺就是皇上同氣連枝的本家
○逢有廟會的日子街上[illegible]男男
女女來徃不斷的你徃那兒去我

11a

不要在外頭胡游乱跑躭悮你的工課了

六課

醫益倚益 이

施醫院是公捐設立的 不作無益的事 躭悮了正經事 狐假虎威就是倚勢凌人的話 你學了這些日子的漢話有点兒進益沒有 歡雙有益 挑唆兩無功

傭容永用 용

傭工的人不能由着自己的性兒 總得聽人家的使喚纔行哪 他年紀還小哪 雖然有點兒錯處還可以答讓他 何必同他一般見識阿 你怎麽這麽笨哪 不但口

10b

五課

前怕狼後怕虎是進退兩難的意
思 哎呀肚子疼的利害在炕上趴
一會兒就好了

口 痕狠恨 흔

人做了虧心事臉上自然露出痕
跡[illegible]來了 當初我和他狠相好來着
如今他做了官狂傲的了不得竟把結
有錢的人看不起沒錢的人故此絶了
交了俗語兒說得好窮在市街無人
問富在深山有遠親 素日無仇無
恨你要害他做甚麽

10a

AI

9b

光 ○ 廣 迸 광

這個墻裱糊的不光滑是找那個裱糊匠來裱糊的 ○ ○ 張福你到廣信鍾表鋪去把扠給那架鐘取回來 春暖花開的時候出城進ᄃ景去很有樂趣兒

趴 扒 ○ 怕 파

你把那個狗哄開別叫他在當道兒上趴着 看他跌了大斛斗跌的不輕把腿跌破了扒也扒不起來 ○ ○ 氣做這件事就不怕人知道所以俗語兒說要叫人不知除非己莫為

三課

生繩首剃頭

不問〻我就給揉搓了 又矮又胖的人

就呌魁子 那個底下人是個得用

的人 你竟找他錯縫子做甚麽

他天生的是個蠢笨人 你要他做出伶俐

事來如何行呢 我定了後天七點鍾

起身 你把鋪蓋和行李趕緊的拿繩

子都綑好了 年輕的時候由性兒花

錢不知道儉省 赶到上了年紀就要受苦

了 你在外頭做了十幾年的買賣

剩下多少銀子回來呀

9a

8b

也不能一樣

憂 油 有 請 약 你帶了孝服說了憂 香油是芝麻

做的 這樣的紬子我要頂好的有沒

有 好同常在一塊兒不免嘮他

可請壞了

○ 隨 ○ 碎 쉬 ○ ○ 你到我這兒來還是外人嗎可以

隨便不要太拘禮了 ○ ○ 我有一個古

磁的花瓶底下給摔碎了我心疼的

了不得

搓挫 ○ 錯 취 書桌子上擱着一張要緊的信你怎麽

光武
陽九一
陰八五

一

溫閶穩問 운 溫習 多見 多聞 老要張狂 少要穩重 問問他是甚麼人

尊○○俊 쥰 尊位 尊是說人做的官大 ○○○○ 俊人物

都○斗閒 두 都是 都樣的 的○○ 一斗糧食 閒暇就是 和人打架

東○懂動 둥 聽見說城外頭來了一羣賊 時官兵追 的東逃西散了 ○○ 他那個人

不懂好歹 係理他做甚麼 看他的舉動就可以知道他的人性怎麼樣

二課

殃洋癢樣 양 城門失火殃及池魚 洋貨就是泰西各國的貨 櫃囊囊兒 無論買甚麼東西價錢不能一樣 東西分好歹

8a

7b

撦 值 指 制 撦 起来 值 多少錢 指望 制度

端 ○ 短 斷 端正 ○ ○ 長短 斷來 結往

顛 ○ 點 店 顛倒 ○ ○ 點頭 店記

心 尋 ○ 信 心腹事 尋東西 ○ ○ 不信服

拉 邋 ○ 爛 拉扯 拉扯 邋遢 ○ ○ 爛燭

燈 ○ 等 瞪 油燈 ○ ○ 等第 瞪着眼睛

康 扛 ○ 炕 康健 扛東西 ○ ○ 燒炕

乾 ○ 敢 幹 乾爹媽 ○ ○ 不敢 強幹

經 ○ 井 淨 經過的 ○ ○ 井水 潔淨

搔 ○ 掃 臊 搔首 ○ ○ 打掃 害臊

寬○款○ 寬貸 ○○ 款項 ○○

摘宅窄債 摘下來 住宅 狹窄 欠債

開○慨○ 開眼 ○○ 慷慨 ○○

關○管礶 關心 ○○ 管轄 尾礶子

○○口叩 ○○ ○○ 幾知 佃叩

扠查鑔叱 扠手 查着 鑼鑔 叱狗

窗牀闖○ 紗窗 牀榻 闖進來 ○○

方房訪放 方圓 房産 私訪 放心

巴拔把霸 那個人當差真往上巴結 我有一件事求閣下提拔提拔纔好 無論做甚麼事總得有把柄 我的田地叫人家霸佔了

瞎狹○下 瞎子 狹制 ○○ 下鄉

7a

嗐孩海害 嗐這個孩子狠淘氣 孩子 大海碗 利害
搭荅打大 搭伴兒 囬荅 打筭 多大麽
街截解借 街上 截斷 解開 摘借
消學小笑 消化 學好 小氣 笑話
箱詳響巷 箱子 詳細 響亮 街巷
○活火貨 ○○ 死活 火把 貨物
私○死肆 公私 ○○ 死樣 放肆
高○稿告 高低 ○○ 稿子 告示
哀挨矮愛 哀求 塵埃 矮子 愛惜
深神審甚 深山 神氣 審問 甚好

6b

磕剋渴刻	磕碰	剋扣	飢渴	時刻
撈勞老潦	撈起來	勞苦	老頭兒	旱潦
安○○岸	安置	○○	○○	河岸
分焚粉分	分開	焚化	麪粉子	本分
溜流柳蹓	溜光的溜	流落	楊柳	蹓踏
峰逢○縫	山峰	相逢	○○	門縫兒
腰窪咬藥	腰腿	煤窪	狗咬	藥材
坡婆○破	土坡兒	老婆兒	○○	破東西了
江○講糡	長江	○○	講究	糡子
喝河○賀	喝茶	河水	○○	拜賀

6a

5b

班○板半 班次 ○○ 板尾 半兒

爭○整掙 爭競 ○○ 整齊 掙錢

家夾假假 本家 夾脈 真假 告假

濛蒙猛夢 濛混 蒙童 猛烈 做夢

○愚語諭 ○○ 愚民 言語 諭旨

說○○朔 說話 ○○ ○○ 朔望

○憐臉戀 ○○ 可憐 臉面 貪戀

書熟數樹 詩書 生熟 數數 樹林子

掄倫○論 混掄 人倫 ○○ 談論

羞○朽袖 不羞 ○○ 糟朽 領袖

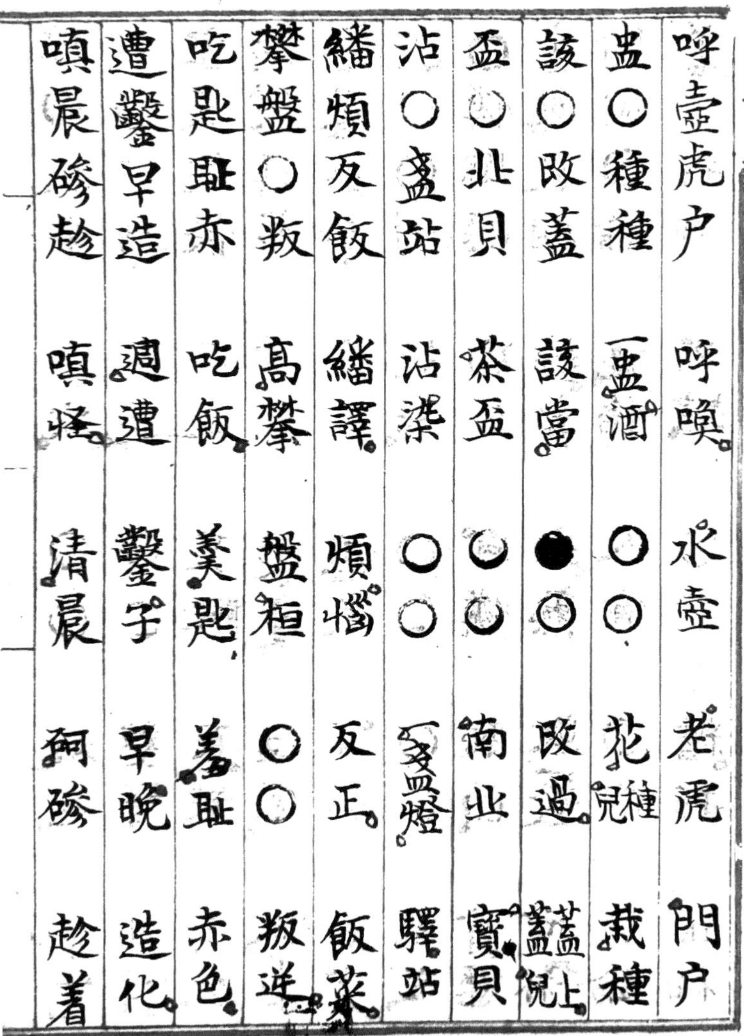

5a

4b

燒勺火火 燒火 勺子 多火 老火

些鞋血謝 好些 鞋襪 氣血 謝謝

○○惹熱 ○○ ○○ 拮惹 熱鬧

○稜冷楞 ○○ 稜角 寒冷 發楞

○○暖○ ○○ ○○ 暖和 ○○

○凉兩輛 ○○ 凉棚 斤兩 一輛車

欺騎起氣 欺哄 騎馬 起來 氣色

陰銀引印 陰陽 金銀 引誘 用印

鍤茶扠杈 鍤子 茶葉 扠腰 樹杈兒

灣完碗腕 水灣兒 完全 一碗茶 手腕子

篙豪好耗　篙草　豪傑　好歹　耗費

今○錦近　古今　○○　錦繡　親近

○明○命　○○　明白　○○　性命

千前淺欠　千萬　前後　深淺　該欠

齁侯吼後　齁鹹　公侯　牛吼　隨後

作昨左作　作房　昨天　左右　作為

媽麻馬罵　爹媽　芝麻　牛馬　打罵

車○扯撤　車轎　○○　拉扯　裁撤

○騾擄落　○○　驢騾　搶擄　落花

多奪躲馱　多昝　爭奪　躲避　馱子

4a

3b

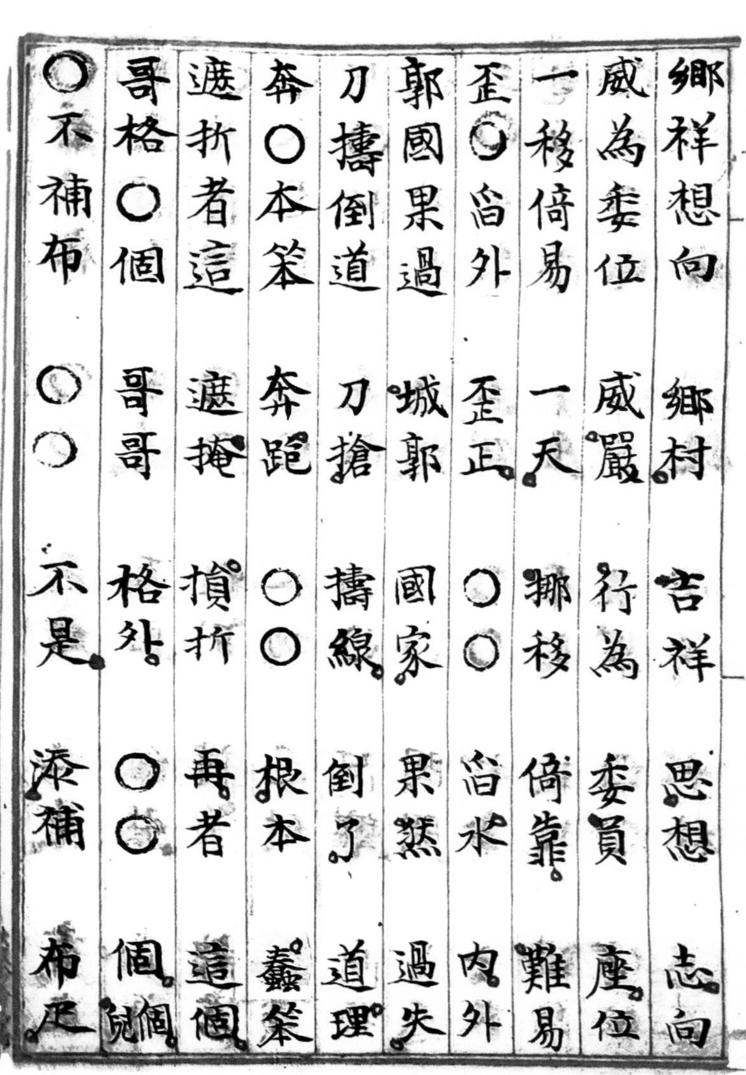

鄉祥想向　鄉村　吉祥　思想　志向

威為委位　威嚴　行為　委員　座位

一移倚易　一天　挪移　倚靠　難易

歪○崴外　歪正　○○　崴水　內外

郭國果過　城郭　國家　果蒸　過失

刀擣倒道　刀搶　擣線　倒了　道理

奔○本笨　奔跑　○○　根本　蠢笨

遮折者這　遮掩　損折　再者　這個

哥格○個　哥哥　格外　○○　個個

○不補布　○○　不是　添補　布疋

3a

○爺也夜 ○○ 老爺 也是 晝夜

○直紙志 知道 直屈 紙張 志氣

○離禮隸 ○○ 離別 禮節 隸書

○人忍認 ○○ ○○ 人物 忍耐 認識

阿○阿阿 是阿 ○○ 阿麒 阿哥

搆○閃善 搆于 ○○ 閃開 善惡

三○餘散 三個 ○○ 打傘 分散

冤原遠怨 冤屈 原諒 遠近 瞡怨

○来○頼 ○○ 来往 ○○ 倚頼

通同桶痛 通達 同異 水桶 傷痛

2b

第四號

●沒美妹 ○○ 沒有 美醜 姐妹

○鈴領令 ○○ 鈴鐺 領子 使令

出除處處 出入 除去 處事 何處

濕時使是 濕乾 時候 使喚 是非

○○那那 ○○ ○○ 那兒 那兒

●兒耳二 ○○ 兒孫 耳朶 一二

逼鼻筆必 逼迫 鼻子 筆墨 必得

天田餂掭 天地 田莊 拏頭餂 掭筆

那拏那那 在這兒那 拏賊 那個 那裏

窩○我卧 窩巢 ○○ 你我 生卧

第一號

歸○鬼跪	歸著	○○	鬼神	跪下
夫服甫富	夫婦	衣服	台甫	富貴
屋吳武物	屋子	吳國	文武	物件
資○子字	資本	○○	兒子	字畫

第二號

興行醒姓	興敗	行止	睡醒	姓名
輕晴請磬	輕重	陰晴	請教	鍾磬
交○脚教	相交	○○	手脚	教訓
胎台○泰	胎產	兄台	○○	康泰

第三號

奸○儉賤	奸詐	○○	儉省	貴賤
操槽草○	操演	馬槽	花草	○○

2a

1b

中華正音

中華正音

昌 上平 聲之平而安者也

長 下平 聲之平而輕者也

塲 上聲 聲之上而猛烈者也

唱 去聲 聲之去而哀遠者也

四音

舌音

口音

齒音

喉音

1a

속지1b

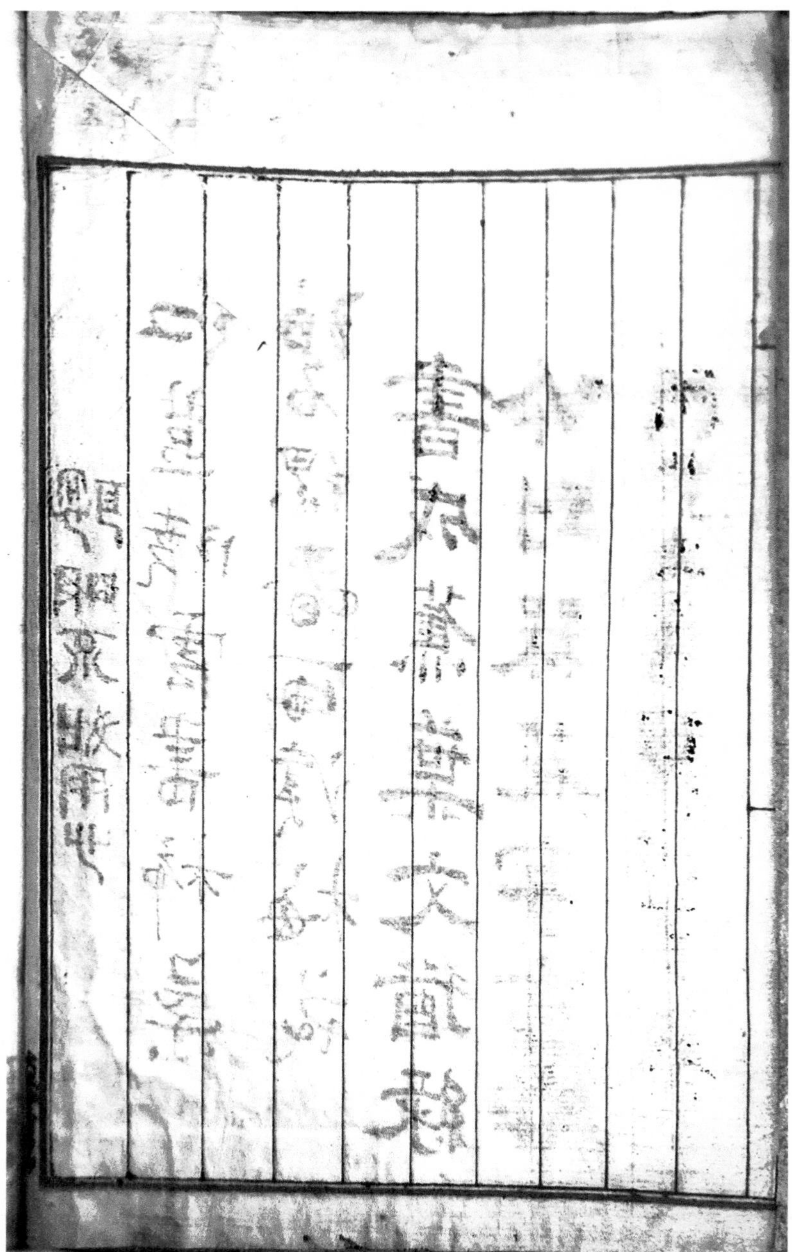

官立漢語學校教法

聊明示知用心

紅豈陵雲書柿葉

碧石螺春一曲讀梅花

書成蕉葉文猶綠

吟到槑花字亦香

用心以處金石可透

속지1a

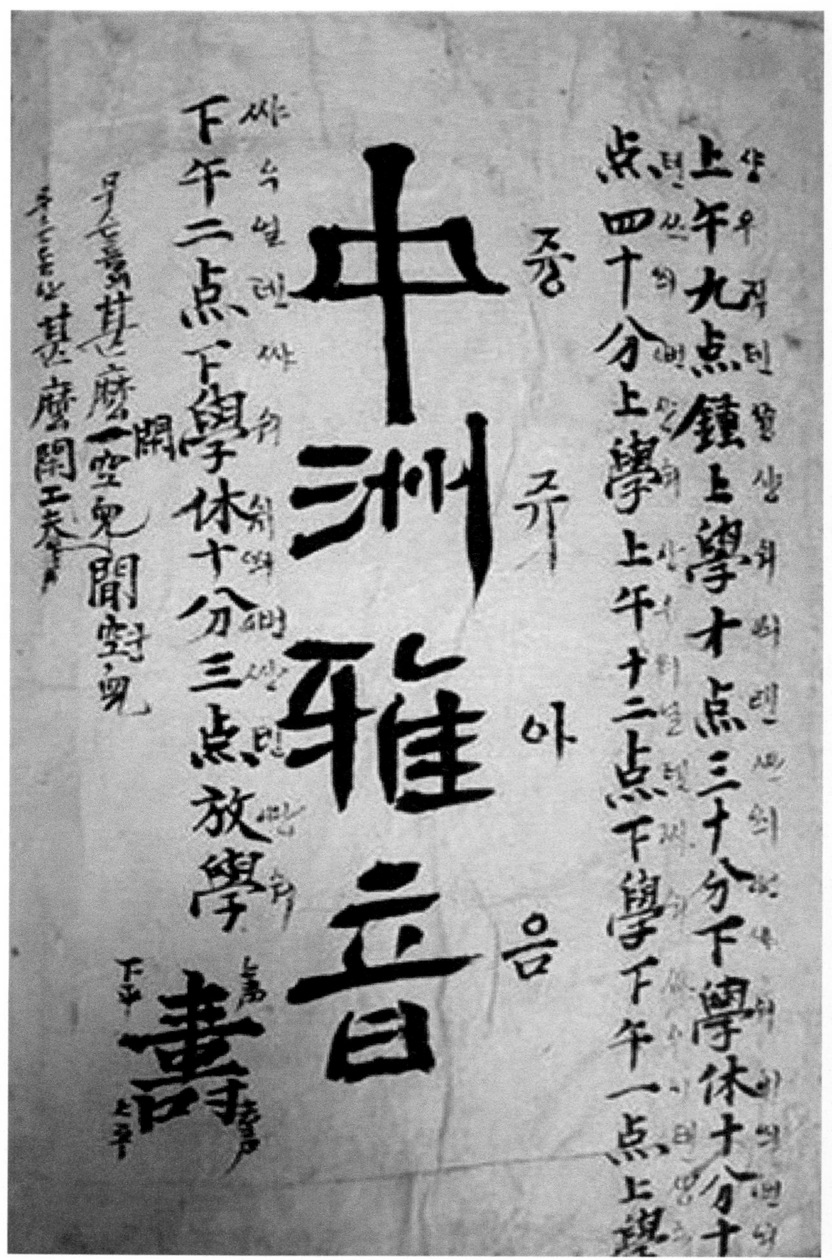

표지 뒷면

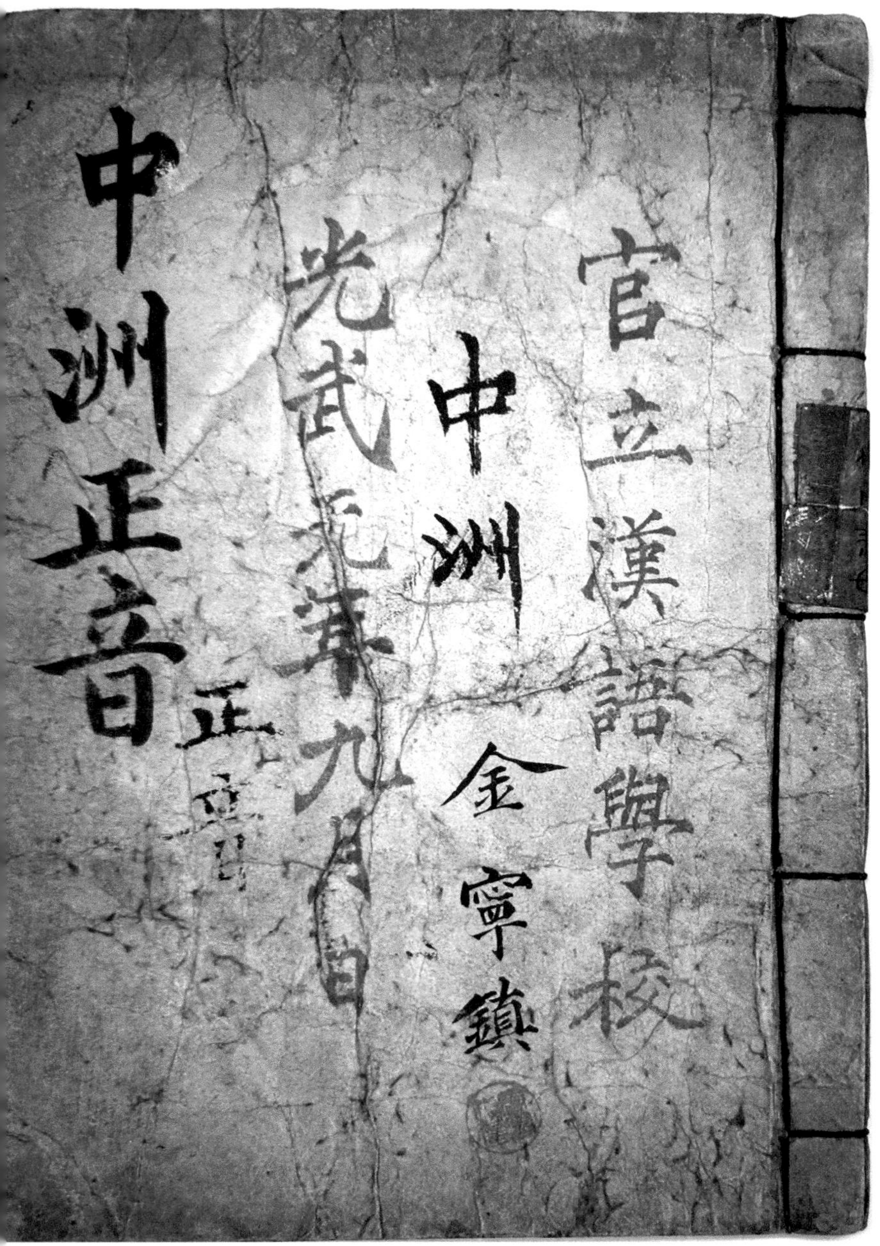
官立漢語學校
中洲 金寧鎭
光武元年九月日
中洲正音

겉표지

조선후기 중국어학습서 『官話記聞』의 내용과 특징

1. 서지와 구성

『官話記聞』은 1책으로 구성된 필사본이다. 크기는 가로 18.6cm, 세로 18.5cm이며 현재 선문대학교 중한번역문헌연구소에서 소장하고 있다. 겉표지는 두꺼운 황토색 종이이며 제목은 따로 없다. 표지에 소장 정보가 흐릿하게 쓰여 있다.[1] 비교적 큰 글씨로 '忠淸北道 報恩郡 三升面 上可里'라고 적혀 있다. 줄을 바꾸어 소장자 이름도 적었지만 연필 혹은 흐릿한 펜으로 쓴 듯하며 구김이 있어 판독하기가 어렵다.[2] 그러나 '上可里'라는 지명 정보를 통해 어느 정도의 시기 추정은 가능하다. 충북 보은군은 1914년 행정구역 폐합에 따라 中可里, 幕隱里의 일부를 병합하여 上可里라 불렀다. 이에 근거하면 충북 보은군 삼승면 상가리 지역에서 소장하였으며 작성된 시기는 1914년 이전으로 추정할 수 있다.

현재 국내에 『官話記聞』과 동일한 계열의 어휘집으로 보이는 필사본 2종이 확인되는데 한 책은 이화여대에 소장되어 있는 『漢談官話』이고 다른 한 책은 동국대에 소장되어 있는 『華語』이다.

이화여대 소장본 『漢談官話』는 크기는 가로 15cm, 세로 11cm이며 전체 618개의 어휘가 의미에 따라 18개 부류로 나뉘어 실려 있다. 이 책에 쓰인

---

1) 본문의 글자 방향과 거꾸로 쓰여 있다.

2) '洪□植'인 듯하다.

"此是父主親筆不可輕賓也. 壬寅之夏六月念九日重衣"라는 기록을 통해 부친이 쓴 책을 가벼이 할 수 가 없어 壬寅年에 6월에 새로 장정했음을 알 수 있다. 임인년은 1902년으로 추정되고 있다.[3)]

동국대 소장본『華語』는 크기는 가로 20cm, 세로 24cm이며 전체 562개의 어휘가 의미에 따라 17개 부류로 나뉘어 실려 있다. 책의 앞표지와 뒤표지 안쪽에 각기 "自壬午仲秋始行", "壬午仲秋始行"이라 적혀 있다.『華語』는 특이하게 '南陽', '馬山浦' 지명이 수록되어 있다. 南陽은 경기도 화성 지역의 옛 지명이고 馬山浦는 화성 남양반도에 위치한 포구이다. 구한말 대표적인 항구 도시로 1882년 임오군란이 일어났을 당시 吳長慶(1833~1844)이 청군을 이끌고 상륙한 곳이자 흥성대원군이 청군의 군함에 실려 천진으로 압송되어 간 역사적 사건의 배경이 된 곳이기도 하다. 뿐만 아니라 임오군란 당시 오장경을 비롯한 청군들이 주둔하였던 '南別宮', 흥성대원군 집권기에 설치되었던 최고 군령 기구인 '三軍府' 등 시대적 상황을 반영하는 어휘들도 수록되어 있어 필사기의 '壬午'는 임오군란이 일어났던 1882년으로 추정되고 있다.[4)]

본고에서 다루는『官話記聞』에 수록된 어휘 수와 분류 항목은『華語』,『漢談官話』보다 더 적다. 그러나 이들 3종이 각기 다른 서명으로 필사된 점은 특기할 만하다.

---

3)『漢談官話』에 대해서는 유재원,「『漢談官話』중국어 성모 표음상의 특성에 관한 고찰」,『중국학연구』제32집, 중국학연구회, 2005/ 양초롱,『조선후기 중국어분류어휘집《漢談官話》어휘 연구』, 이화여대 대학원 석사논문, 2014 참조.

4)『華語』에 대해서는 김영,「조선후기 중국어 어휘집『華語』에 대하여-『漢談官話』와의 비교를 중심으로」,『중국학논총』제47집, 한국중국문화학회, 2015/ 서미령,「필사본『華語』의 中韓 譯音 표기법 小考」,『중국어문학지』제62호, 중국어문학회, 2018/ 서미령,「『華語』와『漢談官話』의 역음 비교 연구」,『중국어문학지』제64호, 중국어문학회, 2018 참조.

<사진 1> 官話記聞 본문 첫 면(左), 본문 마지막 면(右)

앞에서 언급하였듯 표지에 제목은 없으며 본문 첫 면에 '官話記聞'이라 적혀 있다. '官話'는 표준중국어란 뜻으로 조선 후기와 말기, 그리고 일제강점기까지 중국어 학습 교본에 자주 등장했던 용어이다. '記聞'은 '들은 것을 기록했다'는 의미이다. 즉, 그간 들었던 중국어들을 모아 필사했다는 의미로 해석할 수 있다. 현재 전하는 조선후기 중국어 학습서 가운데 '官話記聞'이란 서명을 쓰는 것은 이 책이 유일하다.[5)] 책의 표기 형태는 아래와 같다.

<표기형태>	(左)	(표제어)	(右)
	황제	皇上	황샹
		國王	궈왕
	柵門	邊門口	변믄쿠

표기는 중국어 표제어를 가운데 두고 우측에는 중국어 발음을 한국어로, 좌측에는 한국어 석의를 적었다. 소수이긴 하지만 좌측에 한국어 석의가 빠

5) 조선후기에 유통된 중국어 학습서 가운데 가장 광범위하게 사용된 서명은 '中華正音'이다. 한국학중앙연구원 장서각 소장본, 일본 동경대 아천문고 소장본, 연세대 열운문고 소장본, 개인 소장본 등 약 8종이 같은 서명을 쓰고 있다. 그 중에는 같은 계열에 속하는 것도 있지만 그렇지 않은 것도 있다.

진 것도 있고 석의를 한자어로 적은 것도 있다. 그러나 대부분이 중국어 표제어, 중국어 발음, 한국어 석의가 함께 적혀 있다. 이상과 같은 표기 형태는 위치만 다를 뿐 『華語』와 『漢談官話』 모두 대동소이하다.

『官話記聞』은 15개의 항목으로 분류되어 있어 수록된 어휘는 총 426개이다. 같은 계열의 어휘집인 『漢談官話』, 『華語』와 함께 표로 제시하면 다음과 같다.[6)]

<표 1> 분류 및 어휘 수

『官話記聞』		『漢談官話』		『華語』	
분류	어휘수	분류	어휘수	분류	어휘수
□□□□(1a)	39	人事官職部 附品級(1a~4a)	48	尊卑(1a~1b)	42
地理(1b~2a)	48	天文部(4a~5a)	21	時令(1b~2a)	21
時令(2a)	20	地理部(5a~9a)	52	寒喧(2a~3a)	40
天文(2b)	20	時令部(9a~10a)	22	食餌(3a~3b)	27
寒喧(2b~3b)	40	寒喧部(10a~12b)	55	服飾(3b~4a)	26
食餌(3b~4a)	22	食餌部(13a~14a)	23	人品(4a~4b)	17
服食(4a)	24	服飾部(14b~16a)	25	身體(4b~5a)	38
器具(4a~4b)	45	器具部(16a~19a)	52	天文(5a~5b)	23
物貨(4b~5a)	21	日用部(19a~20b)	20	地理(5b~6b)	50
屋宅(5a~5b)	12	屋宅部(20b~21b)	14	公式(6b)	13
文書(5b)	12	文書部(21b~22b)	13	屋宅(7a)	23
公式(5b)	13	公式部(22b~23a)	12	器具(7a~8a)	49
人品(6a)	20	人品部(23a~24b)	18	物貨(8a~8b)	21

6) 표 『漢談官話』와 『華語』의 항목 분류는 김영, 「조선후기 중국어 어휘집 『華語』에 대하여-『한담관화』와의 비교를 중심으로」, 『중국학논총』 제47집, 한국중국문화학회, 207~227쪽을 참조하였다.

身體(6a~6b)	29	身體部 附疾病(24b ~ 26b)	32	文書(8b ~ 9a)	13
動靜 附瑣說(6b~7a)	61	動靜部 附瑣說(26b ~ 33b)	116	動靜(9a ~ 11a)	114
		一字部(33b ~ 34b)	30	一字類附疊(11a)	30
		不字部(34b ~ 36a)	43	不字類(11b)	5
		長語類(36b ~ 37b)	23		
총계	426	**총계**	562	**총계**	619

항목별 명칭은 『漢談官話』는 '○○部'의 형태로 적힌 반면에 『官話記聞』은 '部' 없이 바로 항목명을 적고 있다. 이런 항목 표기 방식은 『華語』도 동일하다. 『官話記聞』은 특이하게도 '地理'를 제외한 모든 항목명까지도 중국어 발음을 적어 놓았다.[7)]

본문 첫 면에 첫 번째 항목명이 빠져 있지만. 수록된 어휘의 특성상 『漢談官話』의 <人事官職部附品級>, 『華語』의 <尊卑> 항목에 해당한다.

어휘의 범주는 1음절, 2음절 단어에서부터 최소한의 기본적 의사소통을 위한 짧은 문장까지 포함하고 있다. 어휘 수는 『華語』보다 약 130여 개, 『漢談官話』보다 190여 개 정도 적게 기입되어 있다. 이는 항목 가운데 뒷부분의 一字, 不字, 長語 관련 항목이 모두 생략된 것과도 관계가 있다.

항목별 배열 순서를 『華語』, 『漢談官話』와 비교하면 모두 완전히 일치하지는 않는다. 그러나 『華語』보다는 『漢談官話』와 일치하는 부분이 더 많은 편이다. 예컨대, 『漢談官話』가 天文部, 地理部, 時令部 순인데 반해, 『官話

7) 『漢談官話』와 『華語』의 항목에는 중국어 발음이 적혀 있지 않다. 『官話記聞』에 기록된 항목명은 '地理', '時令스링', '天文텬문', '寒暄한훤', '食餌시올', '服飾부시', '器具키규', '物貨우오', '屋宅우틔', '文書운수', '公式궁스', '人品인핀', '身體신치', '動靜둥징 附瑣說'이다.

記聞』은 地理, 時令, 天文 순으로 되어 있다. 그러나 『華語』와 일치하는 부분도 존재한다. 예컨대, 『漢談官話』의 '日用部'는 『官話記聞』에는 '物貨'로 분류되어 있는데 이는 『華語』와 동일하다.

2. 『官話記聞』의 내용 분석 및 특징

『官話記聞』은 앞서 언급한 바와 같이 15개의 항목, 426개의 어휘를 수록하고 있다. 그 어휘들을 분석해 보면 『華語』와 일치하는 것도 있지만 반대로 『漢談官話』와 일치하는 것도 있다. 또, 매우 소수이지만 2종의 문헌에 나타나지 않은 표제어도 확인된다. 내용 분석은 항목별로 순서대로 나열하여 기술하면서 『華語』, 『漢談官話』와의 비교를 통해 나타나는 차이점을 살피고자 한다.

비록 항목명은 없지만 가장 먼저 기술된 어휘는 <人事官職>에 해당한다. 전체 39개이며 대부분 중국 사신을 접견하는데 필요한 최소한의 단어 위주로 배치되었다. 皇上부터 秀才까지 신분과 관직 및 품계를 보여주는 어휘들이 대부분이다. 간단하지만 '一品寶石부터 七八九品銅頂子'까지 품급별로 청대 관리들의 모자 꼭대기에 달았던 보석의 색깔을 적었는데 이는 청의 관료를 대면하였을 때 벼슬의 등급을 쉽게 식별하여 응대할 수 있도록 배려하여 적은 것이라 할 수 있다. '跟班的', '頭目', '底些兒' 등 옆에서 수행하고 부리는 하수인에 대한 호칭도 세분화하여 적어 놓은 것도 특징적이다. 특히 '通官'은 "통역관"에 해당하는데 『譯語類解』나 『華語類抄』 등의 유해서류 및 중국어 학습서류에는 보이지 않는 어휘이다. 유일하게 본고에서 언급하는 3종의 어휘집에서만 등장한다. 예외적으로 『熱河日記』나 『서원록』, 『상

봉록』과 같은 연행 관련 문헌에는 종종 등장한다.[8)] 이밖에도 『華語』에는 조선인의 관직 '義州府尹'과 청나라의 관직인 '提督大人'도 등장하는데 『官話記聞』과 『漢談官話』에는 2개의 어휘가 모두 빠져 있다.

<地理>는 48개의 어휘가 수록되어 있다. 여정에서 사용할 수 있는 어휘들이 주이다. 전체 즉, 길, 강과 관련된 어휘, 거리를 나타내는 어휘, 가는 행위를 보여주는 어휘, 장소 관련 어휘와 같이 단어에서부터 두 단어 이상이 결합된 구나 짧은 문장까지 다양하게 수록되어 있다. 지명을 나타내는 고유명사는 '臨津江' '柵門', '盛陽', '奉天府' 4개만 등장하는데 이는 『漢談官話』도 동일하다. 반면에 『華語』에는 '臨津江'외에 '鴨綠江' '水原', '南陽', '馬山浦', '果川', '銅雀江' 등의 시대성을 보여주는 어휘들이 추가되어 있어 자료의 성격을 직접적으로 파악하기에 용이하다. 『官話記聞』에는 확장된 표제어가 1개 보인다. 예컨대, 『華語』와 『漢談官話』의 '收拾行李'가 『官話記聞』에는 '就走'를 더하여 짐을 수습해서 바로 간다는 '收拾行李就走'로 확인된다.

<時令>은 시제를 나타내는 단어 및 그와 관련된 문장으로 이루어져 있다. 전체 20개이다. 북경방언 '今兒個', '昨兒個', '前兒個', '大前兒個', '後兒個' '大後兒個'는 현대중국어의 '今天', '昨天', '前天', '大前天', '大後天'에 해당된다(김아영, 2013). 『華語』와 『漢談官話』에 등장하는 '鷄叫'는 『官話記聞』에는 빠져 있다. 『官話記聞』과 『漢談官話』의 '一候兒', '甚麽時候兒', '点燈時候兒'이 『華語』에는 '一候乙', '甚麽時候乙', '占燈時候乙'로 표기되어 있는데 '兒'자 '乙'로 대체된 것이다. '一候兒'은 '一會兒'의 의미로 다른 조선후

8) "使臣久已參班, 任譯及諸裨皆落留宮門外小阜上, 通官亦坐此不得入." ᄉᆞ신은 임의 반녈의 ᄎᆞᆷ예ᄒᆞ엿고 역관과 비쟝들은 궐문 밧긔 낙뉴ᄒᆞ여시ᄃᆡ 통관도 ᄯᅩᄒᆞᆫ 예 이셔 드러가지 못ᄒᆞᆫ다 ᄒᆞ더라 <熱河日記 2:6a> "提督、大使、通官輩誅求無厭." 졔독과 대ᄉᆞ와 통관ᄇᆡ 쥬구ᄒᆞ믈 슬희여 아니ᄒᆞ야 <西轅錄 8:68a> "通官請一行令祇送於庭右." 통관이 일힝을 쳥ᄒᆞ야 뜰 올흔편의셔 지송ᄒᆞ라 ᄒᆞ거ᄂᆞᆯ <桑蓬錄 3:3a>

기 한어회화서 필사본에서도 '一候兒'과 '一候乙'로 표기되어 있다.

또, 『華語』와 『漢談官話』의 '天不早啊'가 『官話記聞』에는 '天不早呵'로 쓰고 있다. 『老乞大』, 『五倫全備諺解』, 『學淸』 등의 회화서에도 어기조사 '呵'가 감탄을 나타내는 의미로 사용되었다. 『官話記聞』은 어기조사 '啊' 대신 모두 '呵'로 쓰고 있다.

<天文>은 20개로 천체, 날씨 및 자연현상과 관련된 단어와 문장을 수록하고 있다. 해와 달의 어휘에 '해가 뜨다', '해가 지다'와 같이 천체의 현상을 표현하는 동사와 함께 열거하여 제시하였다. 시간을 나타내는 명사 '一下兒鍾'은 '未初、丑初, 餘皆倣此[9)]'라 하여 오후 1시와 오전 1시를 나타낸다고 풀이하였다. 정각을 나타내는 '下兒鍾'은 '點鍾'과 같은 의미로 쓰인 것이다.

'日出三竿那', '外頭發黑那沒有'의 '那'는 어기조사로 '了'의 용법으로 활용되었다. '今兒個冷的狠'의 '的'은 구조조사 '得'를 대신하여 사용되었다. '狠'은 근대중국어 어휘로 성질이나 상태의 정도를 나타내는 부사 '很'을 의미한다. 『華語』에는 '今兒個冷狠的'로 어순이 뒤바뀌어 있다. '偏冷'은 "매우 춥다"는 의미이다. '偏'은 부사로 현대 중국어의 '特別', '最'에 해당한다. 『杜詩諺解』와 『金剛經三家解』에서 부사로 활용된 예가 보이며[10)], 우리말로는 '심이'로 풀이하였다. 『華語』도 『官話記聞』과 동일하게 풀이하였다. 반면에 『漢談官話』는 '매우', '심하게'의 의미는 누락된 채 '日寒'으로만 풀었다.

<寒暄>은 인사와 관련된 항목으로 초면에 통성명 할 때 나이와 이름을 묻거나 외지에서 온 손님을 맞아들이면서 나눌 수 있는 간단한 문장 위주로

---

9) 석의는 『官話記聞』이 가장 상세하다. 『華語』는 '丑初, 餘放此', 『漢談官話』는 '未初、丑初'라 풀어 놓았다.

10) "曾爲蕩子偏憐客, 慣愛貪盃惜醉人。" :아·릐 蕩子ㅣ ᄃᆞ욀·ᄉᆡ 소·ᄂᆞᆯ ᄀᆞ·장 :어엿·비 너·기고 盞 貪·호ᄆᆞᆯ 니·기 ᄃᆞ·ᄉᆞᆯᄉᆡ 醉ᄒᆞᆫ :사ᄅᆞ·ᄆᆞᆯ :어엿·비 너·기놋다 <金剛經三家解 4:22a> "范蠡舟偏小, 王喬鶴不群。" 范蠡·의 舟·ᄂᆞᆫ ᄀᆞ·장 :젹고 王喬·의 鶴·ᄋᆞᆫ ·물 하·디 아니토·다 <杜詩諺解初刊本 16:44b>

수록되었다. 전체 40개이다. 『漢談官話』에는 12支 띠에 대한 표제어도 함께 제시되어 있는 반면에 『官話記聞』과 『華語』에는 없다. 이 책은 유의 관계의 어휘들을 많이 수록하고 있는데 <寒暄> 항목에서도 동일하게 확인된다. 예컨대, 이름을 물을 때 쓰는 '尊名' 외에 '大名'과 '外名'을 추가로 제시하여 다양한 동의어의 정보를 제공하고 있다. '大名'과 '外名'은 『華語』와 『漢談官話』에는 없는 표제어이다.

<食餌>에는 22개의 어휘가 수록되어 있다. 음식명 표제어는 숭늉을 의미하는 '鍋巴水'가 유일하며[11] 대부분 음식을 만드는 동작 혹은 음식과 술, 차 등을 먹거나 마시는 동작, 그리고 맛이나 냄새와 관련된 어휘들이다. "마시다"를 뜻하는 단어로 '哈'를, "먹다"를 뜻하는 단어로 '喫'을 정확히 구분하여 쓰고 있는데 이는 『華語』와 『漢談官話』 모두 동일하다. '你哩哈'의 '哩'는 어기조사 '呢'의 용법으로 활용되었다. 『華語』는 '哩'로 『漢談官話』는 '呢'로 쓰여 있다. 『漢談官話』에는 없지만 『華語』와는 겹치는 어휘로 '聞兒好'가 있다.

<服飾>은 24개의 어휘가 수록되어 있다. 의복 및 모자에서부터 신까지 몸에 착용 가능한 다양한 기물명과 그에 관련된 동작 어휘, 그리고 이부자리 관련 어휘 등이 수록되어 있다. 주로 중국 관료, 조선의 사대부가의 남성들이 입는 의복 명칭들로만 이루어져 있으므로 이 항목을 통해서 중국어를 학습고자 하는 계층이 누구인지 더 쉽게 확인된다. 또, '갓을 벗다'는 표현은 대화 상대의 신분에 따라 평칭 '摘帽子'와 존칭 '省〻冠'으로 구분하여 쓸 수 있도록 함께 적어 놓았다. 본인과 상대의 신분을 고려하여 적절한 용어를 사용할 수 있도록 배려한 것이다. '天翼'은 『官話記聞』과 『華語』에만 등장하는 표제어이다. 『漢談官話』에는 없다.

<器具>는 방과 같은 실내에 놓는 물품, 불을 지피는 데 필요한 물품, 여

---

11) 『華語』에는 豬肉, 牛肉, 淸心丸이 더 수록되어 있다.

러 가지 저울, 식사도구, 담배 관련 어휘 및 그와 관련된 동작을 나타내는 어휘 등 범위가 매우 폭넓다. 전체 45개의 어휘와 문장이 수록되어 있다. 기존의 『華語』나 『漢談官話』에서 제대로 표기되어 있지 않은 표제어가 『官話記聞』에 정확히 수록된 것도 있다. 예컨대, 『華語』는 '眼鏡'과 '花鏡'을 묶어서 '돋보기'로, 『漢談官話』는 '花鏡'만 '돋보기안경'으로 풀고 있는 반면에 『官話記聞』은 '眼鏡'과 '花鏡'을 각각 '안경'과 '돋보기안경'으로 구분하여 적고 있다. '茶礶'은 『華語』와 『漢談官話』에 없고 『官話記聞』에만 나오는 표제어이다.

<物貨>는 물건에 대한 명칭보다는 그 물건에 맞는 양사를 학습하기 위한 목적으로 수록된 어휘들이다. 전체 21개가 수록되어 있다. 1부터 10까지 숫자와 물건에 적합한 양사까지도 함께 제시하고 있는데 , 이 경우 『華語』와 『漢談官話』에 없는 한글 석의들이 『官話記聞』에는 있어 오히려 단어에 대한 정확한 정보를 확인할 수 있다. 이외에 '잡것'으로 풀이한 '雜巴剌東西'의 '巴剌'는 <地理> 항목에 지시대명사 '那'와 결합하여 "저기, 저쪽"을 뜻하는 방향 지시대명사 '那巴剌'로 활용되었다. 이 항목에서는 '雜'과 결합하면서 비속어로 의미가 변화된 것으로 판단된다. '巴剌'가 포함된 어휘는 『華語』와 『漢談官話』에도 나온다.

<屋宅>는 집, 화장실과 관련된 동작 어휘들로 이루어져 있다. 어휘 수는 12개로 많지 않다. 특이하게도 『華語』에는 중국 사신들의 접견 장소 겸 숙소였던 '南別宮', 1868년 설치된 군령기관인 '三軍府' 훈련도감의 分營인 '下都監' 등 시대를 대변하는 관청과 시설 어휘가 수록되어 있어 어휘집의 존재 시기를 실증할 단초가 되는데 반해 『官話記聞』과 『漢談官話』에는 이런 특수 고유명사가 나오지 않는다.

<文書>는 서화 관련 어휘들로 12개이다. 임금이 신하에게 내리는 '勅書'가 보이는데 조정의 공식적인 업무 성격을 띠는 표제어이다. <公式>은 공적인 업무와 연관되는 어휘들로 13개이다. 소송과 관련된 표제어가 다수 수록

되어 있다. <人品>은 친족 및 성품 관련 어휘들로 20개이다. 친족어 가운데 '小娘'을 며느리로 풀었는데 첩을 잘못 적은 것으로 판단된다. 『華語』에는 첩으로 맞게 적고 있고 『漢談官話』에는 수록되어 있지 않다.

<身體>는 신체, 질병, 진료, 그리고 취침, 기상, 세수 등 기본 신체 활동과 관련된 어휘들로 29개가 수록되어 있다. '눕다'의 의미인 '踼下'와 '踼着'의 '踼'의 발음은 'tang'으로 躺의 俗字에 해당한다. 『譯語類解』, 『方言類釋』에도 '踼'이 같은 중국어 발음으로 표기되어 있으며 각각 'ᄉᆞ지 펴 ᄇᆞ리고 업ᄃᆡ다'로 석의되어 있다. 『華語』에는 '湯下', '湯着'으로 표기되어 있는데 이 역시 '踼'과 같은 경우에 해당된다. <動靜[뚱징]附瑣說>은 동작과 관련된 어휘부터 어느 부류로 특정 짓기 어려운 것들을 두루 수록한 듯하다. 때문에 수록된 어휘 개수는 61개로 가장 많다. 이 항목의 어휘 중에는 『漢談官話』와 『華語』에서 해결하지 못한 것이 있는데 『官話記聞』을 통해 보완할 수도 있다.

① 罪 [쒀쥐] 나무라다 (華語 9a)
쒀罪 [쥐] 나무라다 (漢談官話 28a)
罪 [쥐] 나무라다 (官話記聞 6b)
② 嘴 [쒀취] 셩ᄂᆡ여 말ᄒᆞ다 (華語 9a)
쒀嘴 [쥐] 셩ᄂᆡ여 말허다 (漢談官話 28a)
㖩嘴 [장쥐] 셩ᄂᆡ여 말ᄒᆞ다 (官話記聞 6b)
③ 金大 [긴다] 어린ᄋᆡ 부르는 말 (華語 9b)
金來 [진다] 이ᄋᆡ 부르는 말 (漢談官話 30a)
金大 [찌다에] 이ᄋᆡ 부르는 말 (官話記聞 7a)

①의 경우, 특이하게도 『官話記聞』에는 '罪'라는 한 단어로만 '나무라다'로 적고 있기 때문에 현재로서도 『華語』와 『漢談官話』에 수록된 '쒀'에 해당

하는 글자를 파악하기는 힘들다. 그런데 ②의 경우, 『官話記聞』은 '嘴' 앞에 '啀'이 추가되어 있다. 이 한자는 현재 확인되지 않는 글자이다. 다만, 『譯語類解』와 『蒙語類解補』에 '口'가 빠진 '爭嘴'가 각각 '투졍ᄒᆞ다'와 '입힐홈ᄒᆞ다'로 기록되어 있다. 또한, 중국어 학습서의 하나인 개인 소장 필사본 『漢語』에도 '입힐음ᄒᆞ다'로 번역되어 있다.[12] 이로 보건대 '爭'과 '啀'은 통용되는 글자로 판단된다. 또한, ①에 빠진 글자를 '啀'이나 '爭'으로 대체하여도 의미를 완성하는데 무리는 없을 듯하다. ③의 경우 중국어 발음 표기가 '다'로 적혀 있고 두 문헌 자료에서 같은 표제어로 적혀 있는 점으로 미루어 보아 『漢談官話』의 '來'는 '大'를 잘못 쓴 것이다.

이상과 같이 살펴본 결과를 토대로 정리하면 첫째, 『官話記聞』의 항목 분류는 경계가 명확하고 체계적으로 구분되지 않는 경향을 띤다. 최초 어휘집 집필자의 주관적 기준에 의해 여러 항목으로 분류한 것으로 판단되며 특이하게도 관련 항목과 연관 지어서 진행할 수 있는 단어 및 문장들이라면 폭넓게 수용하여 적었던 것으로 추정된다. 이는 학습자의 실제 필요에 맞추어 상황에 맞춰 자연스럽게 대화를 이끌어가기 위한 방편으로 진행되어 집필된 것이라 할 것이다.

둘째, 『官話記聞』을 비롯한 이들 중국어 어휘집은 관직명, 품계, 관복과 관련된 어휘들이 자주 등장하는 점으로 보아 사적인 무역이나 교역을 위한 용도보다는 공무를 수행하는 과정에서 필요에 의해 자의적으로 필사된 자료일 가능성이 높다.

셋째, 『官話記聞』은 항목 체재는 『漢談官話』와 더 유사하며 내용적 부분은 『漢談官話』와 맞는 부분도 있고 『華語』와 맞는 부분도 있고 『官話記聞』에만 존재하는 어휘도 확인된다. 『官話記聞』은 『漢談官話』, 『華語』와 같은 계열의 어휘집이나 『漢談官話』나 『華語』를 직접 저본으로 하여 필사하지

---

12) 你昨兒箇爲甚麽事情爭嘴了?" 네 어제 무슴 일을 위ᄒᆞ여 입힐음혼다 <漢語 韓古 21b>

않은 것으로 판단된다. 즉, 같은 계열의 제3의 또 다른 필사본을 토대로 하여 옮겨 적은 것으로 추정된다. 이밖에도 이들 어휘집은 겨울과 관련된 어휘의 분포도가 많은데 선선하거나 추워지는 겨울을 염두하고 어휘들을 선별하여 기록한 것으로 보인다.

3. 결론

이상과 같이 새롭게 확인된 필사본『官話記聞』의 구성과 내용을『華語』,『漢談官話』와 비교하여 그 차이를 살펴 그 상관관계를 규명하고 선행 연구에서 해결하지 못했던 부분들도 재검토하여 자료의 성격과 특징을 밝히고자 하였다.

『官話記聞』은 동국대 소장『華語』, 이화여대 소장『漢談官話』와 같은 계열의 어휘집이지만 특이하게도 이들 자료와는 다른 서명으로 작성되었다. 현재까지 확인되는 중국어 학습서류의 서명 중에 '官話記聞'이란 서명은 이 책이 유일하다. 또, 같은 계열의 어휘집이 각기 다른 서명으로 유통 향유된 것도 특기할 만하다. 총 3종이 발견된 것인데 이로 미루어 보아 당시 매우 광범위하게 유통되었던 대표적인 중국어 어휘집의 하나로 추정하였다.

『官話記聞』은 15개 항목에 총 426개의 어휘가 수록되어 있으며 표지에 적힌 행정구역 명칭을 토대로 필사된 시기는 1914년 이전으로 판단하였다. 그러나 저본이 되었던 서적의 최초 작성 시기는『華語』의 필사기와 시대성 어휘,『漢談官話』의 필사기를 근거로 적어도 1882년 이전으로 추정할 수 있었다.

항목 분류는 최초 어휘집 집필자의 주관적 기준에 의해 관련 항목과 연관되어 이야기할 수 있는 단어와 문장까지 폭넓게 수용하여 적었기 때문에 항목간의 경계가 체계적이지 않은 특성을 보였다. 관직, 품계, 관복 등의 어휘가 다수 출현하는 것을 근거로 하여 사적인 업무가 아닌 공적인 업무를 처리하는 과정에서 필요에 의해 작성된 자료로 판단하였다. 또한 근대중국어의 흔적도 남아 있어『華音啓蒙諺解』,『你呢貴姓』,『騎着一匹』,『中華正音』등과 더불어서 조선후기에 다양한 모습으로 남아있던 중국어 학습서의 일면을 보여주는 자료라 할 수 있다.

| 참고문헌 |

『關話記聞』, 필사본, 개인 소장.

『華語』, 필사본, 동국대학교 소장.

『漢談官話』, 필사본, 이화여대 소장.

馬思周.姜光輝(1991),『東北方言詞典』, 中國 長春: 吉林文史出版社.

박재연(2002),『中朝大辭典』(9책), 충남 아산: 선문대학교 중한번역문헌연구소.

高艾軍.傅民(2013),『北京話詞典』, 中國 北京: 中華書局.

高永龍(2013),『東北話詞典』, 中國 北京: 中華書局.

박재연.이현희(2016),『고어대사전』(21책), 충남 아산: 선문대학교 출판부.

유재원(2005),「『漢談官話』중국어 성모표음상의 특서에 관한 고찰」,『중국학연구』, 32, 중국학연구회.

박찬식(2008),『유해류 역학서 연구』, 역락.

양초롱(2008),『조선후기 중국어 분류 어휘집『漢談官話』연구』, 이화여자대학교 중어중문학과 석사학위논문.

김철준(2009),『류해서 어휘 사용 양상 연구』, 역락.

김아영(2013),『일제강점기 중국어회화서에 나타난 어휘 연구』, 연세대학교 중어중문학과 박사학위논문.

김 영(2015), 「조선후기 중국어 어휘집『華語』에 대하여-『漢談官話』와의 비교를 중심으로」, 『중국학논총』, 47, 한국중국문화학회.
서미령(2018), 「필사본『華語』의 中.韓 譯音 표기법 小考」, 『중국어문학지』, 62, 중국어문학연구회.
서미령(2018), 「『華語』와『漢談官話』의 역음 비교 연구」, 『중국어문학지』, 64, 중국어문학연구회.
김 영(2022), 「조선후기 중국어학습서『官話記聞』의 내용적 특징과 그 가치」, 『인문사회21』, 13(1), (사)아시아문화학술원.

* 이 글은 2015년『중국학논총』제47집과 2022년『인문사회21』제13권1호에 게재된 김영 논문을 토대로 하여 작성된 것임을 밝혀둔다.

官話記聞

【1a】

皇上 [황샹] 황졔

萬歲爺 [완쉬예]

国王 [궈왕]

阁閣老 [거랖] 졍승

中堂 [즁탕] 졍승

大官 [다관] 졍승

尙書 [창수] 판셔

侍郎 [시랑] 춤판

欽差大人 [칭치다인] 황졔 보닌 ᄉᆞ름

遠接使大人 [원졔스다인] 원졉ᄉᆞᄃᆡ인

观察使大人 [관차스다인] 관출ᄉᆞᄃᆡ인

地方官 [지방관] 지방관

中使進士 [즁스진쓰] 진ᄉᆞ

擧人 [쥐인] 거ᄌᆞ

秀才 [식치] 아의

陞官 [승관] 버슬 도드다

高陞 [갈승] 버슬 놉하ᄒᆞ다

托福 [토부] 치하ᄒᆞ는 말

小官 [산관] ᄌᆞ층ᄒᆞ는 말

一品寶石 [이핀반시] 일품보셕

二品瑚珊[1)] [을핀산후]

三品亮藍 [싼핀량탄[2)]]

---

1) '瑚珊' 한자가 뒤바뀌었음.

2) '란'의 오기.

四品穢藍 [스핀여탄[1]]

五品亮白 [우핀량븨]

六品穢白 [외핀예븨]

七八九品銅頂子 [치바긱핀퉁징즈]

亮穢 [량예] 말근 것 흘린 것

賁咨官 [귀주관] 져즈관

皇曆上 [황리상]

冬大季 [둥다지] 동지ᄉ

跟班的 [근바지] 싸라 모시는 ᄉ룸

使喚 [시훤] 통관

通官 [퉁관]

頭目 [투무] 종인

在下 [지싸] 닉 몸 겸손ᄒ는 말

底些兒 [지셔ㄹ] 하인들

底些們 [지셔믄] 하인들

官婊 [관뱌] 기싱

名帖 [밍쳐] 명함

【1b】

<地理>

東西南北 [둥시난베]

老不走北 [랖부즈베] 늘거셔는 북으로 기[2]지 말나

道路 [닾루]

---

1) '란'의 오기.

2) '가'의 오기.

盤纏 [판쳔] 노ᄌᆞ

大道 [다ᄃᅶ]

抄[3]道 [수ᄃᅶ] 길 덕다

平道 [핑ᄃᅶ]

石道 [시ᄃᅶ]

橋 [ᄎᅸ]

彎道 [완ᄃᅶ] 에음길

抗[4]子 [킁즈] 굴헝

坡子 [피즈] 언덕

嶺頭 [링투] 고ᄀᆡ

臨津江 [인진쟝]

抪木橋 [두므ᄎᅸ]

跳過橋 [ᄎᅸ고ᄎᅸ] 증검다리

津頭 [진투]

江水 [쟝쉬]

過江 [고쟝]

開[5]船 [ᄏᆡ춴]

濺泥 [ᄧᅣᆼ[6]이] 진흑 튀다

打点地方 [다뎬지방] 슉화ᄎᆞᆷ

宿所 [수소]

別處裡 [베추리] 다른 곳

快ㆍ的登山 [쾌ㆍ지둥산] 길 밧비 ᄯᅧ나다

---

3) 한자와 발음표기가 다름. 발음에 의거하면 '修'의 오기로 판단됨.

4) '坑'의 오기.

5) '門'을 '门'으로 표기함.

6) 이화여대 소장 『漢談官話』는 'ᄧᅧᆫ', 동국대 소장 『華語』는 'ᄧᅣᆼ'으로 표기되어 있음.

那巴剌多遠那 [나바라도원나] 져긔가 얼마나 먼야

還有五十里地 [히왹우시리지] 쪼 오십 리가 나맛다

我们這塊兒 [오믄져과ㄹ] 울니 여긔

你们那邊兒 [니믄나벼ㄹ] 너의 져긔

那個地方 [나거지방] 어닉 곳

观景 [관깅] 구경ᄒᆞ다

盛陽 [셩양] 瀋陽

去罷 [츼바] 가거라

去過 [츼고] 가보앗는냐

來過 [레고] 와보앗는냐

年成這皀樣 [뎐[7]청져무양] 농ᄉᆞ가 엇더ᄒᆞᆫ냐

七八分年成 [치바분뎌[8]청] 풍연이란 말이라

走罷你頭里走 [조바니투리조] 가거라 너 먼져 가거라

【2a】

赶上 [간샹] 싸라오다

我後頭慢ᄾ的跟着去 [오후투만ᄾ지근져츼] 닉 뒤에 싸라가마

赶到來 [간닥레] 싸라오라

纔來 [치레] 인졔 오다

收拾行李就走 [식시힝리직조] 힝장 슈습ᄒᆞ고 즉시 기자

咱們同去 [자믄둥츼]

站着 [잔져] 머무다

柵們 [잘나믄]

---

7) '년'의 오기.

8) '년'의 오기.

邊门口[변믄쿠] 柵門

奉天府 [붕천쑤] 瀋陽

狠難走 [흔난조] 가기 ᄆᆡ우 어렵다

<時令> [스링]

今兒個 [긴ㄹ거] 오날

昨兒個 [조ㄹ거] 어제

前兒個 [쳐ㄹ거] 그제

大前兒個 [다쳐ㄹ거] 긋그제

後兒個 [후ㄹ거] 모ᄅᆡ

大後兒個 [다후ㄹ거] 글피

晚上 [완샹] 밤

三更天 [싼깅텬]

一夜工夫 [이여궁푸] 하로범 동안

天不早呵 [텬부단아] 날이 느졋아

剛纔 [강ᄎᆡ] 앗가

一候兒 [이후ㄹ] 잇다가

大盡 [다진] 큰달

小盡 [셔진] 져근달

甚麽時候兒 [셔마스후ㄹ] 어ᄂᆡ ᄶᅡ니

一下兒鍾 [이쌰ㄹ중] 未於丑初餘皆倣此

馬上 [마샹] 즉금

天黑了 [텬희ᄅᆄ] 날이 어둡다

点燈時候兒 [뎐등스후ㄹ] 불 켤다

晌午 [상우] 낫

【2b】

<天文> [텬문]

天亮 [텬랑] 날 싀다

東開[9] [둥킈] 동트다

發紅 [바훙] ᄒᆡ 돗다

月亮 [웨량] 달 박다

下雨 [싸유] 비 오다

下雪 [싸쉐] 눈 오다

雪大 [쉐다] 눈 만이 오다

指霜 [지솽] 셔리 오다

罩霧 [잔우] 안ᄀᆡ 씨다

亂[10]風 [과붕] 바람 부다

亂[11]大風 [과다붕] 바람 ᄃᆡ단ᄒᆞ다

天氣冷呵 [탄치릉아] 일긔 차다

偏冷 [편릉] 심이 차다

今兒個冷的狠 [기ㄹ거릉지흔] 오늘 ᄆᆡ우 찹다

雨睛了 [위칭랖] 비 ᄀᆡ다

天氣暖和 [텬치란화] 임[12]긔 덥다

日出三竿那 [이추싸긴나] ᄒᆡ 놉하다

太陽落了 [틔앙로랖] ᄒᆡ 졋다

外頭發黑那沒有 [왜투바희니무위] 박기 어두엇ᄂᆞᆫ냐

風大雪深 [붕다쉐신] 바람 ᄆᆡ우 불고 눈도 만타

---

9) '門'을 '门'으로 표기함.

10) '刮'의 오기.

11) '刮'의 오기.

12) '일'의 오기.

<寒暄> [한훤]

咱們初會 [지[13]믄추휘] 우리 처음 만난다

尊名 [준밍] 일홈 뭇는 말

大名 [다멍] 上仝

外號 [왜멍[14]] 별호 뭇는 말

請坐 [칭조] 안지소셔

貴姓 [귀싱] 셩 뭇는 말

【3a】

貴庚 [귀긍] 나 문는 말

多大年幾 [도다년지] 나 문는 말

兩堂俱慶 [냥탕긔칭]

幾位哥兄 [지위거숭] 몃 형졔요

幾位公子 [지위궁즈] 아들 몃치나

令郞[15]幾位 [링량지위] 쌀이 몃치냐

住家那兒 [주자나올] 집이 어딕냐

幾品 [지핀] 버슬 품 뭇는 말

捧[16]彔[17]多少 [붕루도샤] 녹봉이 얼마냐

跟大ㆍ人來 [근다ㆍ인레] 샹딕인 짜라오다

多候兒起 [도후ㄹ커] 어닉 쐬 써낫는요

---

13) '자'의 오기.

14) 한자와 발음 표기가 불일치함. '號'는 '한'로, '멍'은 '名'으로 표기하는 것이 옳음.

15) '娘/孃'의 오기인 듯함.

16) '俸'의 오기.

17) '祿'의 오기.

多站 [도잔] 어[18]져

幾天工夫 [지쳔궁푸] 몃칠 동안

纔到這里 [취단져리] 이제야 여긔 온요

一路上太平呵 [이루샹틔핑아] 노샹의 틔평이 완는냐

騎馬來 [치마레] 말 타고 와는냐

坐車來 [조쳐레]

辛苦不少 [신쿠부샾] 신고 안니ᄒᆞ여는냐

不辛苦 [부신쿠] 신고 아니ᄒᆞ엿다

這位是誰 [져위시쉬] 져 분은 누구요?

好歇ᄏᆞ罷 [한셰ᄏᆞ바] 잘 슈이라

明兒個早起看 [밍ㄹ거잔치칸] 닉일 ᄏᆞ즉 마나자

明天看 [밍쳔칸] 닉일 만나자

纔起來 [취치레] 이제냐 일어나는냐

洗臉那 [시련나] 셰슈ᄒᆞ여는냐

【3b】

用飯那沒有 [융판나무익] 밥 먹어는냐

便過了 [편고랖] 밥 먹어다

看家信 [칸자신] 家信 보아다

都太平 [도틔핑] 아문 일 업다

沒事 [무스] 아문 일 업다

送信 [숭신] 긔별ᄒᆞ다

咱們好幾年親分 [자믄환지연친븐] 우리 여려 히 친분 잇단 말

請安 [칭안] 문안ᄒᆞ는 말

---

18) '언'의 오기.

相好裡頭 [상한리투] 셔로 조화ᄒᆞ는이다

<食餌> [시울]

做飯 [주판] 밥 짓다

盛飯 [청판] 밥 담다

喫飯呵 [치판아] 밥 먹어는나

喫飽 [치반] ᄇᆡ부르긔 먹다

鍋巴水 [교바쉬] 슝뉭

燙酒 [탕직] 슐 더이다

哈一鍾 [허이중] 한 잔 먹쟈

嘗ㆍ [창ㆍ] 맛보다

你哩哈 [니리허] 너 마셔라

我不會哈 [오부휘허] ᄂᆡ 슐 먹을 쥴 모은다

愛[19]喫 [한치] 먹기 죠타

喫完那 [치완나] 다 먹엇는냐

嗽口 [슈쿠] 양치ᄒᆞ다

味好 [위한] 맛 죠타

味不對 [위부뒤] 맛 죠치 안니타

味這皃樣 [위져무양] 맛시 엇더ᄒᆞ냐

灑酒 [싀직] 슐 붓다

聞兒好 [운ㄹ한] 님ᄉᆡ 조타

【4a】

喫晚飯 [치완판]

---

19) 한자와 발음이 불일치함. '好'의 오기인 듯.

南甛北醎東辣西酸 [난쳔베한둥라시뻔]
四方之人飮食性味

<服飾> [부시]
官帽 [관맢] 큰마라기
偏帽 [편맢] 져근마라기
長袍 [창퐢] 두루막이
朝帶 [찬ᄃᆡ] 조복ᄯᅴ
帽珠 [맢쥬] 갓신
朝靴 [찬ᄡᆑ] 목화
長褂子 [창과즈] 긴져고리
外褂子 [쇄[20]과즈] 것져고리
黼子 [부즈] 흉비
鞋 [뼈] 신
網子 [왕즈] 망건
風領 [붕링] 휘항
辮子 [변즈] 호송치
纘子 [좐즈] 샹토
脫衣裳 [토이샹] 옷 벗다
天翼 [천리] 쳔익
荷包 [허밮] 쥬먼이
鋪盖 [푸ᄀᆡ] 이부지 :
枕頭兒 [진투ᄅᆞ] 베ᄀᆡ
打鋪 [다후] ᄌᆞ리 펴다

---

20) '왜'의 오기.

穿衣裳 [쳔이샹] 옷 입다
換衣裳 [환이샹] 옷 막[21]과 입다
摘帽子 [졔맛즈] 갓 벗다
省﹆冠 [싱﹆관] 尊稱 갓 벗다

<器具> [키규]
圍屛 [위핑] 병풍
幃子 [위즈] 휘쟝
席子 [시즈] 돗ᄌᆞ리
平床 [핑촹] 평샹
椅子 [이즈] 교위
衣架 [이갸] 옷거리
火盆 [호분] 화로
煤炭 [믜탄] 셕탄
木炭 [무탄] 나무숫

【4b】
生炭 [ᄉᆞᆼ[22]탄] ᄂᆞᆼ과리
弄火 [릉호] 숫 퓌우다
灰盤 [휘판] ᄌᆡ셔리
火蠟臺 [화라ᄐᆡ] 쵸ᄃᆡ
抓[23]火 [바호] 볼 담다

21) '박'의 오기.
22) '승'의 오기.
23) '扒'의 오기.

烤ㆍ[갇ㆍ] 볼 쏘이다

点蠟 [뎐라] 츄볼 켜다

彈子 [탄즈] 몬지떠리

天秤 [텬핑] 텬편져울

拍ㆍ[24] [픠ㆍ투] 몬지떠리

法馬 [바마] 天秤 져올

毫星 [한싱] 져울눈

眼鏡 [얀징] 안경

花鏡 [화징] 돗보기 인경

稱子 [칭즈] 져울

等子 [등즈] 즁져울

過ㆍ秤 [고ㆍ핑] 져울 달다

火鐮 [호련] 부시

茶礶 [차권] 차관

火絨 [호룽] 부시깃

打火 [다호] 부시 치다

点火 [뎐호] 불 켜다

酒壺 [직후] 숄병

快子 [쾌즈] 져기락

更匙 [긍츠] 숙가락

拿茶壺 [라차후] 치[25]싼 가져오라

茶碗 [치[26]완] ᄎᆞ죵

---

24) 발음 '투'가 표기되어 있으며 해당 한자 '頭'가 누락된 듯함.

25) '차'의 오기.

26) '차'의 오기.

烟帒 [연듸] 연듸

裝烟 [좡연] 담븨 담다

洗臉盆 [시련푼] 셔슈듸야

硯臺 [연틔] 벼루

喫烟 [치연] 담븨 먹다

板櫈 [반등] 거러안는 등샹

笤箒 [찬수] 븨

掃ㄷ [산ㄷ] 쓸다

排卓子 [븨조어즈] 샹 버리다

<物貨> [우호]

【5a】

一兩車 [이양쳐] 슈러 한 앙

二匹馬 [을피마] 말 두 필

三管筆 [싼관비] 붓 셰 자루

四塊黑 [쓰쾌머] 먹 넉 쟝

五張紙 [우챵즈]

六兩銀子 [릭양이즈]

七把扇子 [치바싸즈]

八吊錢 [바잔쳔] 돈 여덥 ㅈ외

九疋緞子 [긱피돤즈] 통비단 아홉 필

十綑草 [시쿤찬] 꼴 열 뭇

十箇八箇 [시거바거] 通稱 열 스물 ᄒᆞ는 말

一萬八千 [이완바쳔] 上소

多兒錢一担 [도올쳔이단] 을마 갑셰 한 짐

一扛 [이강] 한 짐

打算 [다솬] 셰 노타

雜巴剌東西 [자바라둥시] 잡것

点〻數兒 [젼〻수ㄹ] 슈 혜다

改作 [ᄀᆡ조] ᄆᆡᆫ들다

樣子 [양즈] 본보기

這箇呌名頭兒甚麼 [져거잔밍투ㄹ싀마] 져거 일홈을 무어시라 부르나냐

一百零一箇 [이ᄇᆡ링이거] ᄆᆡ양 수 노타가 공쳐의 零字을 쓰난이라

<屋宅> [우ᄐᆡ]

府上 [부샹] 尊上 집

貴府 [귀부]

房子冷 [방즈릉] 방 치[27]다

叉上門 [차샹문] 문 빗쟝 지르다

關上門 [관샹믄] 문 닷다

熱〻的燒炕 [려〻지쌰캉] 방에 볼 덥게 ᄯᅵ야는냐

亭子 [칭즈] 졍ᄌᆞ

【5b】

茅房 [만셔[28]] 뒤싼

要拉屎麼[얀라시마] ᄯᅩᆼ누랴는야

出恭 [추궁] ᄯᅩᆼ누다

休紙 [싀즈] 뒤지

---

27) '차'의 오기.

28) 한자와 발음이 불일치함. '房'은 '방', 발음 '셔'는 '舍'에 해당됨.

撒尿 [싸야] 오즘누다

<文書> [운수]

四書 [쓰수] ᄉᆞ셔

五經 [우징] 오경

念書 [연수] 글 일그다

作文章 [조운쟝] 글짓다

好文章 [한운쟝] 글 잘ᄒᆞ다

文書 [운수] 通稱 文符

寫字 [셔즈] 글시 쓰다

畵〻兒[화〻ㄹ] 거람 거리다

書本 [스븐] 通稱 書冊

單子 [단즈]

潤書 [슌수] 글 고치다

勅書 [치수] 칙셔

<公式> [궁스]

打印 [다인] 인치다

花押 [화야] 일흠두다

照例 [잔리] 졀례ᄃᆡ로 ᄒᆞ다

有規矩 [익구규] 졀례 잇다

打官事 [다관스] 송ᄉᆞᄒᆞ다

沒那貞樣規矩 [믜나무양구규] 졀례업는 게 읏더ᄒᆞㄴ나

告狀 [간황] 졍장ᄒᆞ다

事情 [스칭] ᄉᆞ졍

面皮 [면피] 인경[29] 쓰는 것
告訟 [간숭] 엇줍다
停免 [칭면] 졔ᄒᆞ다
国孝 [궈뱌] 국샹
穿孝 [춰뱌] 복 입다

【6a】
<人品> [인핀]
男子 [난즈] ᄉᆞ나희
姳ː [닉ː] 계집
娘門[30] [냥문] 계집늘[들]
偏房 [편방] 쳡
小娘 [뱌냥] 며나리
兒婦息 [알시부] 며나리
出家 [추자] 시집가다
娶媳婦 [취시부] 쟝가들다
軆面 [치면] 의졋ᄒᆞ다
粧軆面 [좡치면] 의졋ᄒᆞᆫ 쳬ᄒᆞ다
糊塗 [후투] 후리다
粧糊塗 [좡후투] 후리는 쳬ᄒᆞ다
老實人 [랖시인] 용ᄒᆞᆫ ᄉᆞ룸
利害 [리히] 모지다
打更的 [다깅지] 경졈치는 ᄉᆞ룸

29) '졍'의 오기.
30) '們'의 오기.

沒人 [믜인] ᄉᆞ롬 업다

有人看着 [우인칸져] ᄉᆞ롬이 직히다

小孩子 [빺히즈] 어린ᄋᆞ희

老人家 [랖인쟈] 늘근이

大剛 [티강] 과히 굿졔다

<身體> [신치]

身子高 [신즈갈] 킈 크다

矬﹔的 [쵸﹔지] 킈 져은니

胖﹔的 [팡﹔지] 실[31)]씨다

瘦﹔的 [수﹔지] 여위다

啞吧 [아바] 벙어리

耳聾 [알룽] 귀먹다

肚裏疼 [두리틍] ᄇᆡ 아푸다

瞎子 [뱌즈] 눈먼 놈

眼花 [얀화] 눈 ᄒᆞ리다

地不平的 [지부핑지] 졀독바리

腦袋疼 [랖딕틍] 머리 압푸다

心口兒疼 [신쿠ㄹ틍] 가솜 압푸다

腿子疼 [튀즈틍] 다리 압푸다

凍脚 [둥쟢] 발 얼다

【6b】

出汗 [추한] 쌴나다

---

31) '살'의 오기.

診脈 [진매] 믹보다

大夫官 [다푸관] 의원

病好那 [빙핲나] 병 낫다

顚到來 [젼닷레] 너머지다

睡覺 [쉬쟢] ᄌᆞ다

睡醒 [쉬싱] 좀 셰다

手洗 [신시] 손 씻다

洗臉 [시련] 낫 씻다

洗臊[32] [시잪] 목욕ᄒᆞ다

擦臉 [차련] 낫 문지르다

蹚下 [탕햐] 눕다

蹚着 [탕져] 눕다

坐下 [죠햐] 안즈라

坐着 [죠져] 안다

<動靜> [뚱징] 附瑣說

说话 [쉬화] 말ᄒᆞ다

话頭能句 [화투능쿠] 말 잘ᄒᆞ다

说谎 [쉬황] 거짓말ᄒᆞ다

謊说 [황쉬] 上同

一嘴話 [이쥐화] ᄒᆞᆫ 마듸 말

问ㆍㆍ [운ㆍㆍ] 무러보라

恐怕 [쿵파] 무셥다

白話 [븨화] 거짓말

---

32) '澡'의 오기.

哄哄 [흥흥] 속이다

怎敢哄你 [즘간흥니或훙] 엇지 너을 속이리요

頑耍話 [완솨화] 실업슨 말

耍戲 [솨씨] 노릭ᄒᆞ다

啼啼 [치치] 울다

哭哭 [쿠쿠] 울다

闻闻 [운운] 냄시 맛다

驚恐 [킹쿵] 놀나다

打杖 [다쟝] 빠호다

罪 [쥐] 나무라다

啰嘴 [장쥐] 졍닉여 말ᄒᆞ다

別生氣 [베승치] 셩닉지 말나

害羞 [시식] 부쓰덥다

面小 [면샾] 부쓰럽셔 낫 업다

【7a】

小心 [샾신] 조심ᄒᆞ다

熱鬧 [여랖] 직거리다

忘了 [왕랖] 잇다

摩摩 [묘묘] 만지다

找找 [잔잔] 찻다

挪挪罷 [노노바] 웅거 노ᄒᆞ다[33)]

据着 [거져] 놋타

留下 [루햐] 두다

---

33) '옮겨 놓다'의 의미로 파악됨.

壞了 [홰럎] 일 그릇되다 또 문허지다

愛看 [이칸] 귀야ᄒᆞ다

小看 [샾칸] 업수이 여기다

可憐 [거련] 블상ᄒᆞ다

效他 [햪타] 임닉ᄒᆞ다

照樣 [잪양] 입닉ᄒᆞ다

形樣 [빵양] 上同

忙ᄒᆞ打道 [앙ᄒᆞ다닾] 밧부다

反悔 [반휘] 뉘웃다

[扌+阑]當 [란당] 막ᄌᆞ르다

沒空 [믜쿵] 결을업다

向候 [향후] 기ᄃᆞ리다

一云等ᄒᆞ [이윤등ᄒᆞ] 上仝

走不得 [조부더] 가지 못ᄒᆞ다

看不見 [칸부견] 보아도 보지 안타

這兒來 [저ㄹ레] 일이 오다

金大 [지다에] 이ᄋᆡ 부르는 말

過來 [고레] 지나오라

可意 [커이] ᄆᆞ음의 맛다

懷 [홰] 가삼의 지르다

別恠 [베쾌] 나무리지 말나

別恠我罷 [베쾌오바] 나을 그릇 여기지 말나

心裏燥的 [신리진[34]지] 마음의 죠민ᄒᆞ다

沒主意 [믜쥬이] 요량업다

---

34) '잔'의 오기.

費心 [페신] 치ᄉᆞᄒᆞ는 말

多謝 [도셰] 上同

嘮駕ㆍㆍ [로자ㆍㆍ] 손 비는 말

嘮你駕 [로이자] 上仝

不敢當 [부간당] 감ᄉᆞᄒᆞ는 말

借光 [졔광] 싱각[35] ᄒᆞ다

聽我说 [칭오쉬] ᄂᆡ 말 들으라

---

35) '식'의 오기.

영인

7a

샤신 小心 조심ᄒᆞ다
여랸 熱鬧 직거리다
왈랴 完了 잇다
모ᄂ 摩ᄂ 만지다
잔ᄂ 找ᄂ 찻다
노ᄂ바 挪ᄂ羅 숨거노ᄒᆞ다
거져 擱着 놋타
무햐 畱下 두다

해랸 壞了 실고못되다샹문허지다
아간 愛着 귀야ᄒᆞ다
샤간 小着 엽수이여기다
거련 可憐 불상ᄒᆞ다
찰타 煞他 심니ᄂ다
잔샤 賊樣 심니ᄂ다

빵샹 形樣 皃
앙ᄂ다돠 忙ᄂ打道 뱃부다
밴취 反悔 뉘웃다
란당 攔當 막즈르다
의쿵 沒空 결을업다
찰후 向候 기ᄃᆞ리다
이뉸둥ᄂ 一ᄂ等ᄂ 좀

초부더 走不得 가지못ᄒᆞ다
칸부전 看不見 보아도보지안타
저리레 這兒來 일이오라
세다에 拿大 이세부로는말
고레 過來 지나오라
거이 可喜 ᄆᆞ음의맛다

쾌 快 갈삼의지르다
베쾌 別快 날우리지말나
베쾌오바 別快我羅 나을그릇여기지말나
신리죠지 心裏燥的 마음의조인ᄒᆞ다
믜쥬시 沒主意 요량업다
페신 費心 치ᄉᆞᄒᆞ는말

도세 多謝 손비는말
로자ᄂ 勞駕ᄂ 창
로이자 勞你駕
부간당 不敢當 감ᄉᆞᄒᆞ는말
재광 借光 싱각ᄒᆞ다
칭오쉐 請我說 니말들으라

7a

주한 出汗 산나다 친머 脖脉 뫽보다 다푸관 大夫官 의원 빙하나 病好那 병낫다 뎐다레 顛倒來 너머지다 쉬쟢 睡覺 주다 쉬싱 睡醒 잠셰다 신시 手洗 손씻다

시뎐 洗臉 다셋낫 시잔 洗澡 목욕ᄒᆞ다 차뎐 擦臉 낫문지르다 탕햐 躺下 눕다 탕져 躺着 눕다 조햐 坐下 안ᄌᆞ라 조져 坐着 안다

動靜 동정 附說話

쉬화 說話 말ᄒᆞ다 화두눙구 話頭能句 말잘ᄒᆞ다 쉬황 說謊 거짓말ᄒᆞ다 황쉬 謊說 上同 이쥐화 一嘴話 ᄒᆞᆫ마듸말 운ᄀ 問ᄂ 무러보라 쿵파 恐怕 무섭다 비화 白話 거짓말

훙ᄀ 哄ᄂ 속이다 즘간훙니ᄯᅩ훙 怎敢哄你 엇지너를속이리요 완솨화 頑耍話 실업슨말 솨씨 耍戲 노리ᄒᆞ다 치ᄀ 啼ᄂ 울다 쿠ᄀ 哭ᄂ 울마 운 閙 님시마스다

깅쿵 驚恐 놀나다 다쟈 打架 ᄲᆞ호다 쥐 罪 나무라다 잠쥐 嗲嘴 졍니여말ᄒᆞ다 베숭치 別生氣 셩내지말나 시삭 害羞 부ᄭᅳ럽다 면산 面山 부ᄭᅳ럽어업다

6b

6a

人品 인픤

男子 난ᄌᆞ ᄉᆞ나희
妳妳 비ᄌᆞ 계집
娘們 냥믄 계집들
偏房 편방 쳡
小娘 쌰냥 며나리
兒婦息 욀시부 며나리
出家 추쟈 시집가다
娶媳婦 취시부 장가들다

體面 치면 의젓ᄒᆞ다
粧體面 좡치면 의젓ᄒᆞᆫ쳬ᄒᆞ다
糊塗 후투 흐리다
粧糊塗 좡후투 흐리ᄂᆞᆫ쳬ᄒᆞ다
老實人 랖시인 용ᄒᆞᆫᄉᆞᄅᆞᆷ
利害 리해 모질다
打更的 다깅지 경졈치ᄂᆞᆫᄉᆞᄅᆞᆷ

沒人 의인 ᄉᆞᄅᆞᆷ업다
有人看着 우인칸져 ᄉᆞᄅᆞᆷ이직희다
小孩子 쌰히ᄌᆞ 어린ᄋᆞ희
老人家 랖신쟈 늘근이
大剛 티걍 과히大졔다

身體 신치

身子高 신ᄌᆞ꼬 킈크다
矬矬的 쵸ᄌᆞ지 킈져은이
胖胖的 팡ᄌᆞ지 살지다
瘦瘦的 수ᄌᆞ지 여위다
啞吧 아바 벙어리
耳聾 살둥 귀먹다
肚裏疼 두리둥 ᄇᆡ아프다

瞎子 바ᄌᆞ 눈먼놈
眼花 안화 눈흐리다
地不平的 지부핑지 쳘목바리
腦袋疼 랖뒤둥 머리압프다
心口兒疼 신쿠ᄅᆞ둥 가슴압프다
腿子疼 퉈ᄌᆞ둥 다리압프다
凍脚 둥쟈 발얼다

6a

茅房 맛셔 뒤산

要拉屎麽 쌰라시마 똥누랴느냐

出恭 추궁 똥누다

休紙 시즈 뒤지

撒尿 싸쌰 오좀누다

5b

文書 운수

四書 쓰수 ᄉ셔

五經 우징 오경

念書 년수 글닑그다

作文章 조운쟝 글짓다

好文章 화운쟝 글잘ᄒ다

文書 운수 通稱文籍

寫字 셔즈 글시쓰다

畫畫兒 화ㄹ 그림그리다

書本 스븐 通稱書冊

單子 단즈

刪書 산수 글고치다

勅書 치수 칙셔

公式 궁스

打印 다인 인치다

花押 화야 일흠두다

照例 쟈리 졀레되로ᄒ다

有規矩 익구규 졀레잇다

打官事 다관스 숑ᄉᄒ다

没那個樣規矩 미나무양구규 졀레업는게오더ᄒ냐

告狀 갸왕 졍장ᄒ다

事情 스칭 ᄉ졍

面皮 면피 인졍쓰는것

告訴 갸숟 엿줍다

停免 칭면 졔ᄒ다

國孝 귀쌰 국상

穿孝 취쌰 복닙다

5b

5a

이샹쳐 一輛車 알피마 二匹馬 싼콴비 三管筆 쓰쾌머 四塊墨 우챵즈 五張紙 뤼샹시즈 六兩銀子 치바싼즈 七把扇子
슈려한샹 말두필 붓세자루 먹넉장
바쟌쳰 八吊錢 구피돤즈 九疋緞子 시쿤치오 十綑草 시거바거 十箇八箇 시완바쳰 一萬八千 노욘쳔이딴 多兒錢一担
돈여덥주뢰 비단아홉필 꼴열뭇 十箇八箇열스물주는말 上仝 은마갑세찬짐
시강 一扛 다찬 打攢 자바라둥시 雜八剌東西 쳔ㄹ수ㄹ 點點數兒 기조 改作 양즈 樣子 져개잘밍투르시마 什麼 這箇叫名頭兒是麼
한짐 셰노타 잡것 슈쳬다 뮌들다 본보기 져거일홈은무어시라 부르나냐
이비링이거 一百零一箇
이샹수노타가옰쳐의零字을쓰난이라
屋宅 우틔
부샹 府上 거부 貴府 방즈룽 房子冷 차샹문 叉上門 관샹문 關上门 려ㄹ지쌋캉 熱熱的燒炕 칭즈 亭子
尊主집 방치다 문빗장지른다 문닷다 방에불덥게셰얏는냐 정자

숟탄 生炭 빌과티 듬호 美大 숫뛰우다 취판 灰盤 지쎄리 화라티 花蠟臺 촛디 바호 拔火 불담다 꼬ㄱ 烤ㄱ 불쏘이다 뎐라 点蠟 촛불켜다 탄즈 彈子 몬지셰티

텬핑 天秤 쳔평저울 퀴ㄱ투 抛ㄱ 몬지셰티 바마 法馬 天秤저울 화싱 毫星 저울눈 얀징 眼鏡 안경 화징 花鏡 돗보기안경 칭즈 稱子 저울 등즈 等子 금저울

고ㄱ핑 過ㄱ秤 져울달다 호련 火鐮 부시 차권 茶礶 차관 호룽 火絨 부시깃 다호 打火 부시치다 뎐호 点火 불켜다 직후 酒壺 술병 쾌즈 快子 져기락

古초 更匙 숙가락 라차후 拿茶壺 치쌘가져오라 치완 茶碗 추종 연디 烟袋 연디 좡연 裝烟 담비담다 시련분 洗臉盆 세슈디야 연티 硯臺 벼루 치연 喫烟 담비먹다

반등 板櫈 거러안는등상 찬수 笤箒 비 산ㄱ 掃ㄱ 쓸다 비조어즈 排桌子 상버리다

物貨 우호

4b

4b

치완판 喫晩飯 난텬베한둥라시쏸 南甜北鹹東辣西酸 [illegible]人飮食性味

服飾 부시

관뫄 官帽 큰마라기 편뫄 偏帽 젹은마라기 챵퐈 長袍 두루마기 챠대 朝帶 조복띄 뫄쥬 帽珠 [illegible]갓쇠인 챠쒜 朝靴 목화 챵과즈 長褂子 긴져고리 쇄과즈 外褂子 겻져고리

부즈 補子 흉비 쎄 鞋 신 왕즈 網子 망건 봉링 風領 휘항 변즈 辮子 초롱치 잔즈 纘子 상투 토이상 脫衣裳 옷벗다 쳔리 天裏 쳔익 허빠오 荷包 쥬머니

푸기 鋪蓋 이부자리 진투르 枕頭兒 베개 다푸 打鋪 자리펴다 쳔이상 穿衣裳 옷입다 환이상 換衣裳 옷바과입다 쳬뫄즈 摘帽子 갓벗다 싱〃관 省〃冠 [illegible]갓벗다

器具 기규

위핑 圍屛 병풍 위즈 幃子 휘장 시즈 席子 돗자리 핑촹 平床 평상 이즈 椅子 교의 이갸 衣架 옷거리 호푼 火盆 화로 미탄 煤炭 석탄 무탄 木炭 나무숫

4a

숑관나무의우 用飯那没有 밥먹어는냐
펀고랑 便過了 밥먹어다
칸자신 看家信 家信보아다
도터평 都太平 아무일업다
무스 没事 아무일업다
숭신 送信 기별하다

자믄하지연 친분 咱們好幾年親分 우리여러해친분잇단말
칭산 請安 문안하는말
샹할리두 相好裡頭 서로조화하는이다

食餌 시운

주관 做飯 밥짓다
칭관 國飯 밥담다
치관아 喫飯啊 밥먹어는냐
치뽀 喫飽 배부르기먹다
꼬바쉬 鍋巴水 숭늉
탄직 湯酒 술먹이다
허이숭 哈一鍾 한잔먹자

참 嘗嘗 맛보다
니리허 你哩哈 너마셔라
오부휘허 我不會哈 나는술먹을줄모른다
화치 愛喫 먹기조타
거양차이 各樣菜 각색나물
치완나 喫完那 다먹어다

슈쿠 嗽口 양치하다
위할 味好 맛조타
위부뒤 味不對 맛조치안니타
위저무양 味這般樣 맛시엇더하냐
시자 灑酒 술붓다
윤로할 聞見好 냄새조타

3b

3b

3a

귀·곤 貴庚 나문는말

도다년기 多大年紀 나문는말

샹탄구칭 西臺俱慶

지위거숭 幾位哥兒 몃형제요

지위궁즈 幾位公子 아들몃치니

링랑지쉬 令郎幾歲 생이몃치냐

주자나쇼 住家那兒 집이어듸냐

지민 幾品 버슬품뭇는말

봉두도산 俸祿多少 녹봉이얼마냐

근다〻인례 跟大〻人來 샹뎌인사라오다

도후ㄹ치 多候兒起 어니셰셔낫는뇨

도잔 多站 어쳐

지천궁푸 幾天工夫 몃칠동안

치돠져리 纔到這里 이졔야여긔왓뇨

이루샹타핑아 一路上太平阿 노샹의태평이왓는냐

39

치마레 騎馬來 말타고왓는냐

조처레 坐車來

신쿠부산 辛苦不少 신고산니ᄒᆞ엿는냐

부신쿠 不辛苦 신고아니ᄒᆞ엿다

쳐위시쉬 這位是誰 (那 나) 져분은누구요 (쳐)

핲셰〻바 好歇〻罷 잘쉬이라

밍ㄹ거잔치칸 明兒個早起看 니일[illegible]ᄎᆞᆷ마나자

밍쳔칸 明天看 [illegible]

치치레 纔起來 이졔야[illegible]어나노냐

시련나 洗臉那 셰슈ᄒᆞ엿는냐

天文 텬문

텬량 天亮 날새다 둥키 東開 동트다 뱌훙 西紅 히돗다 웨량 月亮 달밝다 쌰유 下雨 비오다 쌰쉐 下雪 눈오다 쉐다 雪大 눈만이오다 지쌍 結霜 서리오다

잔우 旱霧 안기새다 롼풍 亂風 바람부다 롼다풍 亂大風 바람되단추다 톈치릉아 天氣冷阿 일긔차다 편릉 偏冷 심이차다 긴르거릉지흔 今兒個冷的狠 오늘매우찹다

위칭랴오 雨晴了 비기다 텬치롼화 天氣暖和 일긔덥다 이추싸간나 日出三竿那 히놉하다 타이양로랴오 太陽落了 히졋다 왜투봐희너무와 外頭怕黑那沒有 박기어두엇냐

봉다쉐신 風大雪深 바람미우불고눈도만타

寒暄 한훤

지믄추휘 咱們初會 우리처음만난다 준밍 尊名 일홈묻는말 다밍 大名 上仝 왜밍 外號 별호묻는말 칭조 請坐 안지소셔 귀싱 貴姓 셩묻는말

26

2b

2a

간샹 趕上 싸라오다

오후만디지근져취 我後頭慢的跟着去 비뒤에싸라가마

간닷래 趕到來 싸라오다

취래 纔來 인제오다

샤시힝리자우조 收拾行李乾淨 힝장슈습ᄒᆞ고즉시기자

자몬둥취 咱們動去

잔져 站着 머무다

잘나몬 柵門

변몬쿠 邊門口 柵门

봉천쌰 奉天府 瀋陽

흔난조 很難走 가기미우어렵다

時令 스링

긴ㄹ거 今兒個 오날

조ㄹ거 昨兒個 어제

쳐ㄹ거 前兒個 그제

다쳐ㄹ거 大前兒個 긋그제

후ㄹ거 後兒個 모릐

다후ㄹ거 大後兒個 글픠

완샹 晩上 밤

싼깅천 三更天

시여궁푸 一夜工夫 ᄒᆞ로밤동안

천부또사 天不早呵 날이느졋ᄉᆞ다

갈치 剛纔 앗가

이후ㄹ 一伕兒 잇다가

다진 大盡 큰달

서진 小盡 저근달

서마스후ㄹ 甚麽時伕兒 어니ᄯᆡ니

이싸ㄹ숭 一下兒鐘

마샹 馬上 즉금

천희랍 天黑了 날이어둡다

젼둥스후ㄹ 点灯時伕兒 불켠다

샹우 晌午 낫

未[illegible][illegible]初傳香做此

29

地理

둥시난베 東西南北 랖부즈베 老不走北 늘거서는북으로가지말나

닾루 道路 노즈 판쳔 盤纏 다닾 大道 사닾 沙道 길덕다

핑닾 平道 시닾 石道 찬 橋 완닾 彎道 예음길 쿵즈 坑子 굴렁 피즈 坡子 언덕 링투 嶺頭 고개 신신쟝 臨津江 두모찬 獨木橋

찬꼬찬 跳過橋 즁검다리 진투 津頭 쟝쉬 江水 꼬쟝 過江 키쳔 開船 빵이 泥泞 진흙 뒤다 다쳔지확 打點地方 흙화츠 누소 宿所

베추리 別處裡 다른곳 쾌ᄂ지둥산 快的登山 길빗비쎄나다 나바라추쉰나 那巴喇多遠那 져리가면몃나되면야 취우우시리지 還有五十里地 쎄오십리가나맛나

오문져과리 我們這塊兒 울니여기 니문나벼리 你們那邊兒 너의져기 나거지빵 那個地方 서너곳 관깅 觀景 구경ᄒ다 션양 瀋陽 瀋陽 취배 去罷 가거라

취꼬 去過 가보앗는냐 레꼬 來過 와보앗는냐 년쳥져무양 年成這樣樣 농ᄉ가엇더ᄒ냐 치바분녀쳥 七八分年成 풍연이란말이라 조바니두리조 走罷你頭裡走 가거라너먼제가거라

16

1b

1a

官話記聞

황샹 완쉬예 귀왕 거랴오 즁탕 다관 샹수 시랑

皇上 萬歲爺 国王 閣老 中堂 大官 尙書 侍郎

황뎨 졍승 졍승 졍승 판셔 참판

칭치다인 원졔스다인 관차스다인 지방관 즁스진싀 쥐인

欽差大人 遠接使大人 觀察使大人 地方官 中使進士 舉人

황졔보낸수령 원졉ᄉᆞ디인 관찰ᄉᆞ디인 지방관 진ᄉᆞ 거ᄌᆞ

사치 슈관 고슈 토부 샤관 셔핀바시

秀才 陞官 高陞 托福 小官 一品寶石

아의 버슬도드다 버슬놉하ᄒᆞ다 치하ᄒᆞ는말 ᄌᆞ충ᄒᆞ는말 일품보셕

울핀산후 싼핀랑탄 스핀쉬탄 우핀량비 류핀쉐비

二品珊瑚 三品亮藍 四品䴡藍 五品亮白 六品䴡白

치바쥐핀통징즈량예 귀주관 황리샹 둥다지 근반지

七八九品銅頂子亮纓 貴客官 皇曆上 冬大季 跟班的

말근것홀런것 졔즈관 동지ᄉᆞ 쎄라모시ᄂᆞᆫ사름

시쳰 퉁관 투우 지싸 지셔ᄅᆞ 지셔믄 관뱌 밍쳐

使喚 通官 頭目 在下 底些兒 底些們 官樣 名帖

통관 즁인 니몸겸숀ᄒᆞ는말 하인들 하신들 기실 명함

19

표지

부록

華語

自壬午仲秋始行

【1a】

<尊卑>

皇上 [황상]

萬岁爺 [완쉬예]

國王 [궈왕]

閣老 [거랖]

中堂 [즁탕] 政承

大官 [다관] 上同

尙書 [창슈] 判書

侍郎 [시랑] 參判

欽差大人 [칭차다인] 勅使

遠接使大人 [원뎨스다인]

觀察使大人 [관차스다인]

義州府尹 [이주부인]

提督大人 [치 다인]

地方官 [지방관]

中使 [즁스]

進士 [진스]

擧人 [쥐인] 尹子

秀才 [쉬치]

陞官 [스[1]광] 벼슬 돗다

---

1) '승'의 오기.

高陞 [갇승] 벼스 놉히 허다

托福 [토부] 치사하는 말

小官 [샾관] 自称

一品寶石 [이핀밮시]

二品珊瑚 [을핀산후]

三品亮藍 [쌍핀량난]

四品秽藍 [스핀예난]

五品亮白 [우핀량빙]

六品秽白 [위핀예빙]

七八九品銅頂子 [치바긷핀퉁징즈]

亮 [량] 발근 말것

穢 [예] 흐린 말것

賫咨官 [져자관]

皇曆上 [황치[2]상] 황역씨

冬大季 [두[3]다지] 冬至使

小季 [샾지] 别使

【1b】

跟班的 [근바지] 싸라 모신 사람

使喚 [시훤] 부리난 사람

通官 [퉁관]

頭目在下 [퇴무쥐뺘] 謙己之称辭

底些兒 底些們 [저셜 저셔믄] 並下人輩

---

2) '리'의 오기.

3) '둥'의 오기.

官婊 [관반] 기ᄉᆡᆼ

<時令>

今兒个 [긴알거] 今日

昨兒个 [됴알거] 昨日

前兒个 [쳔알거] 再昨

大前兒个 [다쳔알거] 三昨

明兒个 [밍알거] 來日

後兒个 [후알거] 再明

大後兒个 [다후알거] 글피

一夜工夫 [이여궁푸] 할로ᄲᆞᆷ 쏭안

三更天 [싼깅쳔]

鷄叫 [지쟌] 닥 우다

天不早啊 [텬부잔아] 日晩

剛纔 [강ᄎᆡ] 악가

一候乙 [이훌] 잇다가

晌午 [샹우] 낫ᄊᆡ

大盡 [다진] 大月

小盡 [산진] 小月

甚麽時候乙 [셔마스훌] 어ᄂᆡ ᄊᆡ나

一下兒鍾 [이빠알즁] 丑初餘放此

天黑了 [텬허랖] 날 ᄆᆡ우 어둡다

【2a】

占燈時候乙 [뎐등스훌] 불 켤 ᄊᆡ

馬上 [마상] 즉금

<寒暄>

咱們初會 [자문추훠] 우리 처음 만[4]다

尊名 [쥰밍] 일홈 문난 말

賤名 [쳔밍] 自称

貴名 [귀밍]

甭名的甚麽 [이밍디삼마] 네 일홈이 무어신야

我名福那 [워밍부나] ᄂᆡ 일홈은 복이라

甭姓甚麽 [이싱삼마]

貴庚 [귀긍] 귀ᄒᆞᆫ 나

夛大年幾 [도다년긔] 上同

兩堂俱慶 [냥탕긔킹]

多站 [도잔] 언졔

幾位哥兄 [기위거숭] 問幾兄弟

幾位公子 [기위궁즈]

令郎幾位 [링낭기위] 並人子幾许

住家那兒 [주쟈날] 家何住

俸祿夛少 [부[5]루도샨] 녹이 얼마니

跟大〻人來 [근다〻인레] 상다아 ᄶᅡ라와

夛候乙起身 [도훌치신] 언졔 ᄯᅥ나션야

【2b】

幾天工夫 [기텬궁푸] 며츨 동안

夛站 [도잔] 언졔

---

4) '나'가 생략됨.

5) '붕'의 오기.

纔到這裏 [치닯져리] 이졔야 오난 말

那來 [나레] 이리 오너라

一路上太平啊 [이루상틔핑아]

騎馬來 坐車來 [기마레죠쳐레] 말 타고 왓는야 차 타고 왓는냐

馬上來啊 [마상릐야] 즉금 오다

一(遭兒生)兩(遭兒熟啊)[6] [이지울승냥지울수아] 쳣 본 보면 쵸면이요 두 본 보면 구면이요

一候乙來啊 [이훌릐아] 이 두에 온다

明天來啊 [밍텬릐아] 明日復來否

明兒个再見 [밍알거지즌] 明日復見

送信 [승신] 긔별ᄒᆞ다

辛苦不少 [신쿠부샾]

不辛苦 신고 아이ᄒᆞ다

這位是谁 [져위시수] 이난 뉘냐?

那位是谁 [나위시수] 져난 뉘냐?

好歇〻罷 [한세〻바] 잘 쉬라

明兒个早起看 [명알거잔치칸] 닉일 〻즉 오너라

纔起來 [칙치릐] 이제 이럿낫다

洗臉那 [시려나] 세수ᄒᆞ여는야

用飯那沒有 [융판나무익] 밥 먹어난냐 아이 먹어난냐

便過了 [편고랴]

都【3a】太平沒事 [도태핑무스]

送禮請安 [숭리칭안] 무안ᄒᆞ다

咱们好幾年親分相好裏頭 [ᄌᆞ믄한기년친븐샹한리투] 우리 여러 히 친분 죠

6) () 안의 중국어는 발음에 의거함.

아ᄒᆞ난 ᄉᆞ이
那裏去 [나리취] 어ᄃᆡ 가는야
喚他去 [한타취] 부르러 갓다
好就罷 [하직바] 잘 거거라

<食餌>
做飯 [주판] 밥 짓다
盛飯 [쳔판] 밥 담다
喫飯啊 [치판아]
(偏過了)[7] [편구얼네] 밥 먹어다
喫飽 [치반] 비불이 먹다
鍋巴水 [고바수] 熟冷
湯火酒 [탕호직] 술 더이다
(哈)[8]酒啊 [하직아] 술 먹자
哈一鍾 [어[9]이즁] 한 잔 먹ᄌᆞ
沒有酒菜哈不來 [무익직치허부릐] 안주 읍셔 술 못 먹기다
嘗ᄾ [창ᄾ] 맛보다
你哩哈,【3b】我不會哈[니리허, 워부휘허] 너 마셔라 나 몰는다
愛喫 [이치] 죠아 먹다
嗽口 [수쿠] 양치허다
喫晚飯 [치완판] 늦게 밥 먹다
各樣菜 [거양치]

---

7) ( ) 안의 중국어는 발음에 의거함.
8) ( ) 안의 중국어는 발음에 의거함.
9) '하'의 오기.

喫完那 [치완나] 다 먹엇다

味好對 [위한뒤] 맛 죠치 못ᄒᆞ다

味這皃樣 [위져무양] 味何如

南甛北鹽東辣 [완쳠베베[10)]둥나]

洒酒 [사직]

闻兒好 [운알한]

豬肉 [쥬릭]

牛肉 [익릭]

淸心丸 [칭신환]

<服飾>

官帽 [관맛] 큰말익이

偏帽 [편맛] 져근말익기

帽子 [맛즈] 말익기

氈帽子 [잠맛즈] 벙거지

長袍 [창팟] 두루믹이

朝帶 [잔딕] 죠복씌

長褂子 [창과즈] 긴져구리

外褂兒 [왜괄] 것져구리

朝服 [잔부] 官服

【4a】

黼子 [부즈] 흉비

朝靴 [잔쒀] 목화

---

10) '난쳔베션'의 오기.

鞋 [뼈] 신
網子 [왕즈] 망근
風領 [붕링] 휘양
辮子 [변즈] 호승치
纘子[친즈] 상투
天翼 [텬니]
荷包 [허밮] 주머이
鋪盖 [푸기] 이부자리
打鋪 [다푸] 쟈리 펴라
枕頭兒 [잔틀] 벼기
脫衣裳 [토이샹] 옷 벗다
穿衣裳 [춴이상] 옷 입다
換衣裳 [환이상] 박구어 입다
摘帽子 [졔맏즈] 갓 벗다
省 ᄏ 冠 [싱 ᄏ 관] 존칭ᄒ여 갓 버스란 말

<人品>
兒媳婦 [알시부] 며나리
出家 [추쟈] 시집가다
娶媳婦 [취시부] 장가드다
體面 [치면] 의젓ᄒ다
粧體面 [좡치면] 의젓ᄒᆫ 체ᄒ다
糊塗 [후두] 흐리다
粧糊塗 [좡후두] 흐린 체ᄒ다
老實【4b】人 [랃시인] 용헌 ᄉ람
利害 [리히] 모지다

有人看着 [위인칸져] ᄉᆞ람이 직흰다
打更 [다깅] 巡警
大剛 [다강] 과이 굿세다
男子 [난즈]
妳々 [니々] 기집
娘們 [낭믄] 기집들
偏房 [편방]
小娘 [산냥] 並妾

<身體>
耳 [얼두] 귀
眼睛 [얀증] 눈
鼻子 [비즈] 코
口 [쿠] 입
手 [시[11]] 숀
身子高 [신즈갚] 킈 크다
矬々的 [쵸々디] 킈 져근니
瘦々的 [수々디] 여위니
地不平的 [디부핑디] 蹇脚
腦袋疼 [랖듸틍]
頭疼 [투틍] 並頭疼
肚裏疼 [두리틍] 腹疼
腿子疼 [튀즈틍]
凍脚 [둥쟢] 並脚疼

11) '식'의 오기.

大夫官 [다푸관] 醫

服藥 [부얏]

出汗 [추한]

診脈 [진믜]

病好那 [빙한나] 병 낫다

睡覺 [쉬잔] 자다

睡醒 [쉬싱] 잠 씨다

【5a】

洗手 [시식] 손 씻다

洗澡 [시잔] 沐浴

擦臉 [치[12]련] 낫 문지르다

湯下 [탕싸] 臥

湯着[탕져ᄒᆞ오] 눕쇼

笑啊 [쇼ᅮ아] 웃는다

起來 [치리] 이러나오

坐下 [조싸]

坐着 [죠져]

請坐 [칭죠] 並坐

心口兒疼 [신쿨틍] 가심 압푸다

啞吧 [아바] 벙어리

耳聾 [알릉]

瞎子 [싸즈] 눈먼이

眼花 [연화] 눈 흐리다

12) '차'의 오기.

顚到來 [젼닫릐]

胖 ⁝ 的 [팡 ⁝ 디] 살찐다

<天文>

天亮 [텬량] 날 싀다

東[门开] [둥캐] 동트다

日頭發紅 [이틓바훙] 히 돗다

日頭壓山 [이틓야산] 히 지다

月亮 [윍량] 月明

下雨 [뺘유]

下雪 [바[13]쉬]

指霜 [디솽] 셔리 오다

晴亮啊 [칭량아] 날 좃타

[14]天那 [잉텬나]【5b】날 흐리다

罩霧 [샾[15]우] 안기 씨다

刮風 [과붕] 風吹

刮大風 [과다붕] 大風

天氣冷啊 [텬치능아] 일긔 차다

偏冷 [편능] 심이 차다

今兒个冷狠的 [길거능흔디] 오날이 미오 차다

天氣暖和 [텬치란화] 일긔 덥다

雨睛了 [윍칭럎]

13) ‘빠’의 오기.

14) 발음 표기에 의하면 ‘陰’이 누락됨.

15) ‘잪’의 오기.

日出三竿那 [이추싼간나] 히 놉하다

太陽落了 [틱양로랴]

外頭發黑那沒有 [왜투바허나무익] 박기 어두엇는야

風大雪深 [붕다쉬선]

雪大 [쉬다] 눈 만타

<地理>

大道 [다닾] 큰길

抄道 [찬닾] 즈럼길

修道 [식닾] 길 닥다

平道 [핑닾] 평헌 길

彎道 [완닾] 에음길

坑子 [킁즈] 구렁

橋 [챂] 다리

坡子 [피즈] 언덕

嶺道 [링닾] 고기길

獨木橋 [두무챂]

橋過橋 [챂고챂] 증검다리

【6a】

臨津江頭 [인진장투]

鴨綠江 [랴루장]

水原 [쉬원]

南陽 [난양]

馬山浦 [마산푸]

果川 [고촨]

銅雀江 [퉁죠장]

過江 [고장] 강 건너다

江水 [장쉬] 강물

[门开]船 [키쳔] 비 써이다

衚衕 [후퉁] 골목

濺泥 [짠니] 진흑

打点地方 [다뎐디방]

存地方 [츈지방]

宿所 [수쇼] 머무는 딕

快ㆍ的登山 [쾌ㆍ디등산] 길 밧비 가다

那巴剌多遠那 [나바라도원나] 져긔 가기 얼마 나만오냐

還有五十里地 [히익우시리디] 또 오십 이가 나맛다

我們這塊兒 [워믄져괄] 우리 여긔

你們那邊兒 [니믄나별] 너의 져긔

那個地方 [나거지방] 어닉 곳

別處裏 [벼추리] 다른 곳

觀光 [관깅] 구경ᄒᆞ다

去罷 [취바] 가거라

去過 [추고] 가보여는야

年成這貞樣 [년칭져무양] 農事何如

七八分年成 [치바픈년칭]

你頭里走 [니투리주] 너 먼져 가러라

我後頭慢ㆍ的跟着去 [워후투만ㆍ디근져취] 닉 두에 싸라가마

赶上 [간상] 싸라오라

赶到來 [간닥레] 싸라오마

收拾行李 [식시힝니]【6b】힝장수십

走罷 [즤바] 가거라

站着 [잔져] 머무다

回來 [휘레] 도러가다

柵們 [자라믄]

邊门口 [변믄쿠]

狠難走 [흔난주] 가기 얼렵다

盛陽 奉天府 [셩양 부텬부] 皆密陽

<公式>

打印 [다인]

花押 [화야] 일홈두다

照到 [잔단] 젼려대로 ᄒᆞ다

有規矩 [의구귀]

沒那貟樣規矩 [무나무양구귀]

告状 [간쟝] 呈状

事情 [스칭]

面皮 [면피] 인졍 쓰난 것

告訟 [간승] 여잡다

打官事 [다관스]

停免 [칭면] 除ᄒᆞ다

國孝 [궈쌴] 국상

穿孝 [쵠쌴] 복 입다

【7a】

<屋宅>

關上門 [관상믄] 문 닷다

府上 [부상]

貴府 [귀부] 다 존칭 집

房子冷 [방즈능]

叉上門 [차상믄] 문 빗쟝 지르다

亭子 [칭즈]

茅舍 [만셔] 뒤싼

茅房 [만방] 上同

休紙 [쉬즈] 뒤디

出恭 [추궁] 똥 누다

撒尿 [싸냐] 오줌 누다

要拉屎麼 [얀리시마] 똥 누려난야

熱ㆍ的燒坑 [려ㆍ디쌒캉] 방의 불 듭게 찌다

南別宮 三軍府 下都監 [난베궁싼주푸싸두잔]

<器具>

圍屛 [위핑] 屛風

幃子 [위즈] 揮帳

席子 [시즈] 돗

平床 [핑촹]

椅子 [이즈] 교의

衣架 [의지[16)]] 옷거리

16) '자'의 오기.

【7b】

燈籠 [등룽]

木炭 [무탄] 숫

火盆 [호푼] 화로

火快子 [호쾌즈] 화져

煤炭 [믜탄] 셕탄

生炭 [싱탄] 닝괄

灰盤 [휘판] 지터리

抓[17]火 [바호] 불 담다

夜壺 [여후] 요강

蠟臺 [라틔] 초디

烤々 [코々] 불 쬬아다

弄火 [로[18]호] 불 피이다

占蠟 [젼라] 초불 혀다

彈子 [탄즈] 먼지 트난 것

天秤 [텬편] 져울

法馬 [바마] 져울추

毫星 [한싱] 져울눈

眼鏡花鏡 [연징화징] 돗보기

稱子 [칭즈] 큰 져울

等子 [등즈] 즁져울

秤子 [핑즈] 소져울

打火 [다호] 부시 치다

---

17) '扒'의 오기.

18) '롱'의 오기.

占火 [젼호] 불 켜다

火謙 [호련] 부시

火絨 [호윤] 부시깃

酒壺 [직후]

快子 [쾌즈] 젹가락

更匙 [긍츠] 숙가락

茶碗 [차완] 찻죵

烟帒 [연듸] 쌈지

裝烟 [좡연] 담비 담다

喫烟 [치연] 담비 먹다

硯臺 [연틔] 벼루

【8a】

水筒 [쉬통] 연젹

板櫈 그러안넌 평상

笤箒 [찬주] 뷔라

掃﹅ [산﹅]

剪蠟花 [잔나화] 불쏫 짜다

拍﹅土 [픠﹅투] 무직허다

過﹅秤 [고﹅평] 져울의 달다

排卓子 [비조즈] 상 버리다

拿茶壺來 [이[19]차후레] 차관 가라져오[20]

洗臉盆 [시련픈] 세수딕여

---

19) '나'의 오기.

20) '가져오라'의 오기.

<物貨>

一兩車 [이양쳐]

二匹馬 [을피마]

三管筆 [싼관비]

四塊黑 [스쾌머]

五張紙 [우쟝즈]

六兩銀子 [위양연즈]

七把扇子 [치바산즈]

八吊錢 [파잔쳔] 돈 여덜 자위

九疋緞子 [귀피돤즈]

十綑草 [시쿤찬] 열 뭇 꼴

【8b】

十箇八箇 [시거바거]

一萬八千 [이완바쳔]

夛兒錢一垣[21] [돌쳔이단] 얼마 갑세 ᄒᆞ 짐

一扛 [이강]

雜巴剌東西 [자바라둥시]

這个東西價錢夛少 [져거둥시갼쳔도산] 져 물건 갑시 얼마니

点⺀數兒 [젼⺀술] 수 혀여라

改作 [ᄀᆡ조] 만드다

打筭 [타솬] 셈 놋다

這个ㅁ斗名頭兒甚麽 [져거잔밍툴서마] 져거 이름 무어시라 불으넌야

樣子 [양즈] 본보기

---

21) '担'의 오기.

一百零一個 [이비링이거]

<文書>

潤書 [윤슈] 글 곳치다

念書 [연슈] 讀

四書 [스슈]

五經 [우징]

作文章 [조우[22)]쟝] 글 잘ᄒᆞ다

【9a】

文書 [운슈]

寫字 [셔즈] 글씨 쓰다

畵〻兒 [화활] 그림 거리다

書本 [슈분] 셔칙

單子 [단즈]

單目 [단무] 물목 젹다

詔書 [잔슈]

勅書 [치슈]

<動靜>

一嘴話 [이쥐화] ᄒᆞᆫ 마듸 말

白話 [빈화] 거즛말

哄 [홍] 속이다

說話 [쉬화]

話頭能句 [화투능쿠] 말 잘ᄒᆞᆫ다

22) '운'의 오기.

說謊 [쉬황] 거즌말

謊話 [황화] 上同

怎敢哄你頑耍話 [즘간홍니완얏[23]화] 실업슨 말

耍戲 [얏[24]희] 노리ᄒᆞ다

啼ᄒ [치ᄒ]

哭ᄒ [쿠ᄒ]

恐怕 [쿵파] 뭇셥다

驚恐 [킹쿵] 노라다

打杖 [다쟝] 싸호다

[25]罪 [쎠쥐] 나무라다

[26]嘴 [쎠취] 셩닉여 말ᄒᆞ다

別生氣 [벼승치] 셩닉지 말나

害羞 [ᄉᆡ식] 붓그럼타다

面少 [면샾] 붓글워 낫업다

熱鬧 [려날] 덤벙이다

【9b】

问ᄒ [운ᄒ] 뭇다

闻ᄒ [운ᄒ] 넘시 맛다

忘了 [왕랴] 이져바리다

摩ᄒ [모ᄒ] 만지다

找ᄒ [잪ᄒ] 챶다

---

23) '쏴'의 오기.

24) '쏴'의 오기.

25) '쎠'에 해당하는 중국어 미상.

26) '쎠'에 해당하는 중국어 미상.

挪ㆍ罷 [노ㆍ바] 오겨노라

擱着 [거져] 놋타

留下 [류쌰] 두다

愛看 [이칸] 귀야ᄒᆞ다

小看 [쌰칸] 업슈역여 보다

可憐 [커[27]] 불쌍ᄒᆞ다

效他 [햔타] 입니ㆍ다

別動 [벼둥] 가마이 두라

照樣 [찬양]

形樣 [빵양]

反悔 [반휘] 누우치다

擱當 [란당] 막자르다

忙ㆍ打道 [망ㆍ다닾] 밧부다

沒空 [무쿵] 결을 업다

伺候 [치후] 기다리다

走不得 [죠부더] 가지 못ᄒᆞᆫ다

看不見 [칸부잔] 보이도 뵈지 안타

這兒來 [졀레]

金大 [긴다] 어린ᄋᆡ 부르는 말

過來 [고레] 지나오다

懷 [홰] 가심의 시로다

可意 [커이] 마음의 맛다

別怪我罷 [벼괘오바] 나를 그릇 역이지 말나

心裏燥的 [신리잔디] 마음의 쇼민ᄒᆞ다

---

27) 발음 '련' 누락.

沒主意 [무쥬이] 룡양 업다

費心 [페신] 치사ᄒᆞ난 말

多謝 [도세] 上同

勞駕 [노자] 손 비난 말

勞你駕 [노이자] 上同

不敢當 [부간당] 겸사ᄒᆞ난 말

借光 [졔광] 싱싁ᄒᆞ다

【10a】

聽我說 [칭오숴] 닉 말 드르라

比謗說 [비방숴]

再不用說 [지부융숴] 두말 ᄒᆞ나

別那貟樣說罷 [벼니[28]무양숴바] 그런 말 ᄒᆞ나

罷別樣東西 [바벼양둥시] 못싱긴 것

不是個東西 [부시거둥시] 못된 놈

沒法說 [무바숴] 말ᄒᆞᆯ 수 업다

怎麽說 [즘마숴] 무삼 말가

錯記了 [츠인[29]랴] 그릇 긔록ᄒᆞ다

就一嘴話的得兒那 [직이쥐화디덜나] 곳 ᄒᆞᆫ 마듸면 그만이다

別說 [벼숴] 말 ᄒᆞ나

聽說 [칭숴] 말 드르라

打聽 [다칭] 드러보라

謎的話 [미디화] 잔말

---

28) '나'의 오기.

29) 중국어 표기에 의하면 '지'의 오기.

走了風 [주랸붕] 누셜ᄒᆞ다

拉到 [나닾] 그만두라

憑你罷 [핑이바] 네 마음ᄃᆡ로 ᄒᆞ라

憑我罷 [핑오바] 나 ᄒᆞ난 ᄃᆡ로

你想〻罷 [이상〻바] 네 ᄉᆡᆼ각ᄒᆞ야 보아라

還沒有 [히무우]

完了 [완랴] 다 된단 말

就是了 [직시랴] 곳 이러ᄒᆞ리라

心裏過不去 [신리고부취] 마음의 질[30]이다

是啊 [시아] 올타

是眞是假 [시진시쟈] 참니냐 그즛니냐

[巾+尙][31]〻的 [최〻디] 몰니

自然那 [즈연나] 그러허리로다

一点兒不錯 [이뎔부죠] 죠곰 틀이지 안타

【10b】

一個樣 [이거양] 한가지

沒奈何 [무니하] ᄒᆞᆯ수업다

沒法子 [무바즈] ᄒᆞᆯ 도리 업다

沒有是沒有 [무우시무우] 업기는 업다마는

有是有 [우시우] 잇기는 잇셔도

能幹事 [능간스] 일 잘ᄒᆞᆫ다

句當 [쿠당]

---

30) '걸'의 오기.

31) 발음에 의하면 '悄'의 오기.

緊句當 [긴쿠당] 급허다

辨事 [반스] 일 쥬션ᄒᆞᆫ다

泒[32]定 [펑징] 差定ᄒᆞ다

我不能 [오부능] ᄂᆡ 능치 못허다

順風打旗 [순붕다치] 남 허ᄂᆞᆫ ᄃᆡ로

罷了 [바료] 아이 도엿다

那塘 [나탕] 어ᄂᆡ번

一母所生 [이무쇼승] 쪽갓다

壞了 [쾌료] 일 그릇 도여다

到底 [단디] 나즁에

這塘 [저탕] 이번

通該 [퉁ᄀᆡ] 듸되

補定 [부징] 보ᄐᆡ다

越發 [워바] 더옥

越大越好 [웨다웨한] 클시록 더 죠타

夛大小 [도다샨] 얼마니 크야

夛好 [도한] 웃지 죠흔야

大造化 [다잔화] 큰 사망

造化底 [잔화디] 사망 업다

打開 [쓰ᄏᆡ] 쓰라[33]

甚麽響 [서마ᄣᅣᆼ] 무삼 쇼ᄅᆡ니

不是啊 [부시아] 그러치 안타

各様都豫備 [거양두웨비] 온가갓 다 예비 잇다

---

32) '派'의 오기.

33) 중국어, 발음, 한국어 해석이 맞지 않음.

【11a】

都拿來 [두나레] 모다 가져오라

拿去罷 [나취바] 가져가라

<一字類 附疊>

輕 [깅[34)]] 가비엽

樹 [쉬] 산나무

沉 [츤] 무겁다

渴 [커] 목마르다

細 가느다

木 [무] 죽은나무

鹿 [취] 구리다

餓 [여] 비곱푸다

稠 [칙] 피다

稀 [삐] 묵다

長 [창] 길다

高 [갇] 놉다

排 [비] 버러놋타

矮 [이] 운두 낫다

短 [뒨] 빠루다

横 [횡] 가루 놋타

歪 [왜] 기우다

□[35)] [져] 쥰칭ᄒᆞ야 딕답

34) '칭'의 오기.

35) 발음에 의거하면 '嗻'.

長一点兒 [창이졀] 죰 기다
短一点兒 [된이졀] 죠곰 져르다
打[36]ㆍ [토ㆍ] 부탁ᄒᆞ다
光ㆍ [광ㆍ]
刻ㆍ [커ㆍ] 삭이다
站ㆍ [쟌ㆍ] 자죠
送ㆍ [숭ㆍ] 보니다
對ㆍ [뒤ㆍ] 한듸 타다
貼ㆍ [체ㆍ] 부치다
糊ㆍ [후ㆍ] 바르다
糨子 [장즈] 풀
貼上 [체상] 부치다

【11b】

<不字類>
不信 [부신] 밋지 못허다
不行 [부싱] 못되다
不貴 [부귀] 귀치 안타
不賤 [부쳔] 흔치 안타
忒賤 미우 흔허다

---

36) 발음에 의거하면 '托'.

| 편저자 소개 |

김현철(金鉉哲)

연세대학교 중어중문학과 교수
연세대학교 중국연구원 원장

김영(金瑛)

선문대학교 외국어학부 중국어문화전공 연구전담부교수
선문대학교 중한번역문헌연구소 소장

김아영(金雅瑛)

연세대학교 중국연구원 중국어 교육연구실장
연세대학교 중국연구원 공자아카데미 부원장

근현대 중국어 교육자료 총서

중주정음 中洲正音
관화기문 官話記聞

초판 인쇄 2024년 10월 23일
초판 발행 2024년 10월 30일

편 저 자 | 김현철(金鉉哲), 김 영(金瑛), 김아영(金雅瑛)
펴 낸 이 | 하운근
펴 낸 곳 | 學古房

주 소 | 경기도 고양시 덕양구 통일로 140 삼송테크노밸리 A동 B224
전 화 | (02)353-9908 편집부(02)356-9903
팩 스 | (02)6959-8234
홈페이지 | www.hakgobang.co.kr
전자우편 | www.hakgobang@naver.com
등록번호 | 제311-1994-000001호

ISBN 979-11-6995-526-3 94720
979-11-6995-525-6 (세트)

값 27,000원

파본은 교환해 드립니다.